先生、子どもをどう育てたらいいでしょう？

大野和子

みらいパブリッシング

はじめに

松山で43年間、学習教室を運営して見えたこと

子どもの心に学ぶ喜びを

「こんにちは～」「やったぁ、一番乗りだ！」

午後3時になると、幼児や小学1年生の子どもたちが先を争うように、次から次へと教室に駆け込んできます。どの子も元気と笑顔がいっぱい。教室の中は、パッと花が咲いたように明るさがあふれます。

席に着き、渡された教材にすぐに食いつく子どもたち。やさしく親しみに満ちた笑顔で生徒を迎えながらも万全の目配りを怠らない先生たち……。一人ひとりの様子を眺めながら、私はいつも教室を開いたときに抱いた「子どもに学

ぶ喜びを」「教育は愛」という思いが深まるのを実感しています。

私がこの松山に教室を開いて、43年の月日が経とうとしています。

元々大学で音楽を学び、小・中・高校の教員免許を取得していましたが、松山に嫁いでからも、大学の専攻科で声楽の勉強を続けました。そして、小1と幼稚園の息子の子育てに夢中になっていた頃、当時、全国的に注目を浴びていた、とある素晴らしい教育理念に出会ったのです。

それは「子ども一人ひとりを人間として可能性を伸ばせば、健全で有能な人に育てられる」という意味合いのものでした。まさに人間愛です。「子どもの心に、学ぶ喜びを」というその教育方法は、私がこれまで見てきたどの教育法とも違って見えました。

「一人ひとりに合わせたやさしいところから始める学習」、「ほめて育てる」という考え方は、必ず子どもの可能性を広げられると確信したのです。

女性もちゃんと職業を持つべし……という母親の教え、高校教師をしていた夫のあと押しもあって、さっそく開校の募集に応募しました。奇しくも、愛媛県の第1回目の募集でした。

1976年、教会の集会所を借りて教室がスタートしました。

指導力をつけて任せる

「一人ひとりに合わせた、やさしいところから始める学習」「ほめて育てる」教え方は、子どもたちを輝かせ、嬉々として学習する子どもたちは、うれしい伸びを見せました。

教室に通う子どもたちの学習効果が上がっていることが評判を呼び、生徒の数は次第に増えていきました。

スタートの2年後にはふたつ目の教室も始まって、ふたつの教室を運営することになりました。

さらに、15年くらい経った頃でしょうか。生徒が増えたために、生徒にしっかりと対応できる先生たちの生徒担当制を導入することに決めました。

先生それぞれの指導力を高めて担当した生徒に責任を持ってもらえれば、例えば5人いたら5倍の指導ができることになります。それぞれの先生に担当の生徒一人ひとりをしっかり把握してもらえば、それぞれに質の高い指導ができます。

私はいつも全体を見守っていることができ、生徒の教材や学習の進め方もタイムリーに調整していくことができるようになりました。


私たちが本当にすべきこと、子どもを伸ばすというドラマをたくさん作るためには、指導の質をしっかりと高めることが大事です。これなくしては、子どもを伸ばす教育を実現できません。

教育は思い……その思いが親に伝わり、子どもに伝わり、それが成果となって出てくるものだと思います。

伸びる子育てに必要な5つの考え方

43年の教室運営を通して、私は「親が持つべき5つの方法」を学びました。

それは、やり方ではなく「あり方・考え方」です。

子どもはそれぞれ違う存在です。同じような姿かたちをしていても、中身はまったく別もの。同じように親も、親自身の育てられた環境があり、まったく別々の人間です。だから家庭によって子育ての〝やり方〟は異なるでしょう。

ですが「考え方」については、「こちらのほうがよい」方向性があります。

私が43年間の教室運営を通して学んだ、伸びる子育てに必要な5つの考え方をお伝えします。

① どんな子でも、いつからでも、伸ばせる

子どもは「誰でも」「いつからでも」ちゃんと伸びる力を持っています。遅

すぎるということはありません。

私たちの教室には、2歳児から大人までいますが、生後6か月から来る子、また、3~4歳から来る子、小学生になって来る子、中学・高校生になってから来る生徒、障害を持った子など、いろいろな子たちがいます。

一人ひとりに合わせて、わかることから一歩一歩確実にやっていけば、誰でも必ず伸びることができるのです。

私はまず、お母さんに「よく来られました。とても前向きな気持ちで連れて来られて、よいお母さんですね」と、うれしい気持ちを伝えます。子どもには「ここは、楽しい勉強をするところだからね」と話します。

②叱るより、認めて伸ばすほうが絶対いい

親は子どものまずいところを見つけて直そうとするあまり、つい叱ってしまいがちです。中には叱るのが日常となって、ほめるのが苦手というお母さんがいます。叱られると、子どもは反発するだけです。伸びようとする芽を、上から押さえつけることになってしまいます。

先に、子どものよいところ、がんばったところを認めて、ほめてあげましょう。これがあれば、「次もがんばろう」というやる気につながります。認められた喜びは、よいところを伸ばし、まずいところを素直に修正してくれます。

そっとほめ、そっと認める自然の態度が伝わるとよいですね。叱るのは、とても損なことなのです。

③「ひとりで」より、周囲の助けを借りた子育てを

学校では、能力も個性も違う複数の子どもに、授業で同時に同じことをわからせようとします。システムとして仕方がないところはあるとはいえ、それには難しいケースがあります。「あとは家でやってください」と宿題を持たせても、教育のプロではないお母さんが家でうまく導くのは難しい。家庭や学校の教育には限界があるのです。

お母さんがひとりで抱え込まず、子どもに合わせた進め方ができる学習教室などの力を借りるようにしたほうが親子の関係もうまくいくでしょう。

④「優秀なら放っておいても勝手に育つ」は大間違い

「優秀だったら、心配なく自分からどんどん勉強を進めていく」と思っている人もいるようですが、そうとは限りません。優秀な子には、優秀な子なりの働きかけが必要です。

勉強は順調に見えても、心の問題や思わぬことでつまずいてやる気が失せ、「もう勉強やめる！」「学校に行かない」ということもありがちです。常に思いやって見てあげることが必要です。

また、本人の気持ちを知って、応援・援助の気持ちを表し、そっと支えてあげてください。

⑤最高のプレゼント、それは「一生ものの勉強習慣」

勉強するということは、いろいろなことを理解し、わかり、判断できてくることであり、本来は、大きな喜びであるはず。そんな〝知る喜び〟を積み重ねることが、人間として成長するということだと私は考えています。そしてそれは、大人になっても変わらないものです。

私の教室には「勉強が好き」「教室が好き」と言って、教室に来るのが楽しい習慣になっている子が多くいます。たくさんの喜びを積み重ねながら、生徒たちは素敵なドラマをたくさん生み出してくれています。


この5つの考え方を聞いて、もしかしたら自分がこれまで逆の接し方をしていたことに思いあたったり、どこかで気づきかけていたことが明確になった人もいるかもしれません。

そのちょっとした気づきや新しい発見が、きっとこれからの子育てをよりやすく、充実したものにしてくれると私は考えています。

どうぞ、ひとつからでもいいので、あなたの考え方をこちらにシフトしてもらえればと思います。そして本書を読むことよって、あなたの中の今日までの子育てでの迷いや苦しさ、うまくいかないことへの苛立ちが少しでも和らいでくれたら、私は「この本を書いてよかったな」と思えるのです。

大野和子

先生、子どもをどう育てたらいいでしょう？

目次

はじめに

第1章

愛情をたっぷりと注いで

~もっとも大切な「幼少期（0~6歳）」の子育て~

第2章

子どもは、本当は〝勉強したい〟のに……

第3章

子どもの成長を止めないで！

～親が陥る勘違い子育て～

第4章

お母さん、あせらないで！

～小学校でも取り返せる親子の関わり～

第5章

中学受験に心が動く親子

第6章

思春期がやって来る！

~中高生の子どもとの関わり方~

第7章　子どもの学び、親の学び

おわりに

第1章
愛情をたっぷりと注いで

～もっとも大切な「幼少期（0～6歳）」の子育て～

生まれたときから学びは始まっている

この世界へようこそ！

人生のスタートを切ったばかりの赤ちゃん。お母さんとずっとつながり、その愛に包まれながら、待ちこがれていた家族のもとへやって来たのですね。

生まれたばかりの赤ちゃんは何も知らないし、ほとんど意思も持っていません。お母さんの心が緑なら緑に染まり、黄色なら黄色に染まるでしょう。環境の影響をしっかりと受けて育ちます。

ですから、家族は、よい心と環境を用意しておいてやらないといけません。特に、母親になる人は、生まれる前から子どもの育て方や愛し方を心して学んでおいてほしいと思います。

赤ちゃんの成長は、お母さんのお腹から出てきた瞬間からすでに始まっています。ですから生まれたときから、たくさん話しかけてあげてください。

何を言ってもまだわからないだろうと思う人が多いようですが、言葉をかければ赤ちゃんは反応をしているのです。

生まれて1週間目の赤ちゃんが、童謡を聞いて表情がよくなったり、泣きやんだり……という反応が見られたという話を聞いたことがあります。

また、生後4〜6か月の赤ちゃんの脳を調べたところ、お母さんの接し方によって、明らかに違う反応が現れることがわかっています。

というのは、お母さんの笑顔ややさしい言葉にうれしがっている反応が見られ、硬い表情や無視されたときには、ぐずったり泣いたりという脳によくない反応があったということです。

特に、生まれてからの1年間で、赤ちゃんの脳細胞は爆発的に増えるそうです。この時期を逃すのはもったいない！　赤ちゃんにたくさん言葉をかけ、絵本をいっぱい読んであげて、歌や音楽もたっぷり聞かせてあげましょう。

まだ言葉がわかっているようには見えなくても、実は、赤ちゃんはちゃんと感じているのです。

お母さんの愛情あふれる言葉が、子どもの脳をふくらませてくれます。愛情いっぱいの言葉を受け止めて、赤ちゃんの感性は育まれます。

また、愛情のある言葉のイメージは、やがて言葉を理解するための素地をしっかりと築いてくれるのです。

だからこそ、やさしい言葉をたくさんかけられ、お話や音楽を聞かされて育った子どもたちは、言葉を理解したり、自分で判断したりできるようになるのが早いのでしょうね。

教室に来ている小さな子どもたちを見て、そう感じています。

2歳までには「興味」を育てる

1歳を過ぎると、早い子だと言葉が次々に出てくることもあります。そこまではいかなくても、いろいろなことがわかるようになってきます。

表現はできなくても、好きなことに反応したり、自分の判断が出てきたりします。「これをしたほうがいい」と言えば、それをする、というようなことが見られます。

視覚的な脳も動いてきますから、いろいろなものを見せて、刺激を与えていきます。絵本の絵やきれいな色、外の風景……いいものをいっぱい見せていけば、大いに発達しますよ。

「あの山は大きいね」「赤いお花がきれいね」などというように、視覚的なものと言葉を一緒に働きかけていれば、子どもの世界はどんどん広がっていきます。

また、ブロックやパズル、簡単なおもちゃで遊ばせるのもよいでしょう。手を動かしたり、いろいろなものを触ったりすることが、手や指の感覚を発達させます。それに、例えば、おもちゃの玉がコロコロと転がったり、ブロックがストンと落ちたり、ものの動きにも反応します。

言葉や音楽の働きかけから、手を動かしたり、触ったり、足を動かしたり、跳んでみたりという動きの遊びへ。そんな遊びの広がりの中で、いい感性が育まれます。

こうした対応をしていくことで、子どもたちは、いろいろなことへの興味がわいてきます。これが大切です。

興味を持つということは、何でもやってみたい、何かを知りたいと思うこと。

学びの大事な一歩、子どもが伸びるための足がかりと言えるでしょう。

子どもが興味を持つようなものを、どんどん与えてあげてください。そして、お母さんも一緒に楽しんではいかがですか。

楽しんでいるお母さんは、子どものよい感性を育てるための、何よりの刺激になるはずです。

せっかくの子育てを楽しまなきゃ損！

「この子をいい子に育てなきゃ」「何かあったらどうしよう……」

赤ちゃん誕生の喜びは大きいけれど、お母さんは、きっと子育てに不安を感じていることでしょう。自分ではどうしたらよいかわからない……。そう思うと、よりいっそう不安が大きくなっているのでは？

でも、あなただけじゃありませんよ。初めての子育ては、誰だって皆、不安なんです。初めから何でもちゃんとできてしまう人なんていないのですから。

そんなときはこう考えてみましょう。

「子どもが０歳なら、お母さんも０歳」

それまではひとりの女性として歳を重ねてきたあなたも、「母親」になったのは子どもが生まれたのと同じ瞬間のはず。０歳なのだから、赤ちゃんと同じように何もわからなくて当然なのです。

お母さんが苦しい顔をしていたら、子どもだって苦しくなってきます。不安ばかり感じていたら、お母さん自身が心を病んでしまいます。

特に現代は、孤独なお母さんが多く、子どもを抱えてうつになるケースも少なくないようです。

お母さんが心豊かでないと、子どもは豊かに育ちません。子育てができるのは、今だけ。子どもはすぐに巣立ってしまいます。今このときを、せっかくの子育てを楽しんでください。

そのためには、自分だけの考え、やり方でやろうとしないほうがよいでしょう。自分ひとりでは、限界があります。

よい教室を見つけて、子どもに学習をさせたり、いろいろな情報やアドバイスを受けたりするのもよいでしょう。また、地域のコミュニティーに参加したり、親や親せき、近所のベテランお母さんなどに相談にのってもらったりするのもよいでしょう。

よいアドバイザーがいないと、子育ては大変です。そういう人や知恵を積極的に求めようとする姿勢を持ってください。

頼りになるアドバイザーを得て、いい情報や提案を受けながら、しっかりと子育てをしていきましょう。ひとりで抱え込まず、外の目を入れていくようにすれば、お母さんの心の負担が減ります。

そうすると、もっともっと子育てを楽しめます。お母さんが楽しければ、子どもも楽しくなりますよ。

普通に育たないかもしれないけれど……

「この子が、普通に小学校に行けるようになれるかはわからない。ちゃんと呼吸が続くかどうか……」

本当に小さな未熟児だったケンちゃんは、生まれたときに医師からそう告げられたそうです。

私たちの教室のベビーコースに入ったのは、1歳4か月のとき。まだオムツをしていて、歩くこともできませんでした。

ご両親は、普通に育たないかもしれないという不安とずっと戦いながら、でも何とかしたいと教室にやって来たのです。

「この子でも、何かできますか？」と、懸命なお母さん。この子のために、何かしてやるべきだと思い、入室をしてもらいました。

本当なら、ベビーの場合はひと月に1度教室に来てもらって、様子を見たり、教材を渡したり、お話をしたりします。

でも、「毎回来させてもらいたい」というお母さんの希望もあって、大きな子どもたちのように通ってもらうことにしました。教室に来ているだけでも、いい刺激になりますから。

ケンちゃんは、まだ歩けないし話せませんでしたが、とても穏やかで、素直な雰囲気のある子でした。初めのうちは、お母さんに抱っこされてやって来て、椅子にただ座っているだけ。幼児用の教材やパズルを持っていっても、ちゃんとできるわけではありませんが、握ったり投げたり……やれることをやっていました。

そのうち、お母さんが「お教室に行くよ」と言うと、笑顔を見せるようになってきました。「来ることを喜んでいるようなので、続けさせてください」ということで、通い続けました。

ひと月ほどすると、教室の中を見渡したり、目の前にあるものを触ってみたり、手を動かしたり……と、動作や反応が違ってきました。特に、子どもたちが次々に駆け込んで来ると、そちらを眺めるようになりました。

本当にささやかではありますが、確実に進歩しているようでした。

２か月ほどで、ケンちゃんは立てるようになり、３か月でほんの１～２歩ですが歩き始め、４か月で歩けるようになりました。

「毎月進歩があるね～」と、教室の先生たちも手ごたえを感じていました。できないからと何もやらせないのでは、何の刺激にもなりません。脳と心を刺激することの必要性を実感しました。


歩けるようになると、ケンちゃんの手を引いて一緒に教具を取りに行き、好きなものを選んでもらったり、終わったら、一緒に片付けに行ったりするようにしました。

帰るときには、抱き上げてやればハンガーからコートを取り、自分で着て、靴も自分で履きます。まだ全部はできないので、できるところまでですが……。

そんなふうに自分のことは自分でさせるように徹底したら、家でも、何でも自分で出して来たり、片付けたりしているそうです。

そして、４歳になろうとしている今、文字も読めるし、数もわかって自分でどんどん勉強できるようになりました。

身体の機能は、ほかの子に比べればまだまだですが、いずれ問題はなくなるだろうと、私は確信しています。とても素直だし、理解がよく、自分で物事の判断ができます。その上、いろいろなことに興味を示します。これは、何より大切なことなのです。

幼児期の親との関わり方で一生が決まる

身体に問題がなく普通に成長して見える同じ年頃の子どもも、親の関わり方によって、発達の度合いが違います。

ほとんど放っておかれた子と、親が関わってきた子。関わった親も、やり方はそれぞれで、子どもにより、大きく差があります。

親に連れられて教室に入室してきた幼児たちが、与えられた椅子に腰をかけている様子を見れば、親がその子とどう関わっているかが見えてきます。

座って物事に興味を示し、おもちゃなどで遊んでいられる子は、まず大丈夫。

お母さんがうまく関わってきたのだろうとわかります。

「お母さん、この子はうまく育っていますね。こんなに興味を持って、集中して取り組めます。これから、よい伸びが期待できますよ」と言えるケースです。

でも、中には、座っていられなくて騒ぎ出す子もいます。何か始めても、すぐにやめてしまって継続できない。親があまり関わってこなかった子どもたちに多い傾向です。

また、親が過剰に関わってきた子どもは、自分からは何もせず、いつもいわゆる指示待ち状態。教材が目の前にあっても始めない。「はい、名前書いて」と言われるまでボーっとしているし、書いたらそっぽを向いてしまう。主体性が見られません。

ほとんど親が手を出してしまって、自分からすることがないのでしょう。自分の意思が出てくる余地がないのです。

子どもは一人ひとり、発達の度合いも、性格も、隠れた能力もまったく違いますから、教室で子どもをうまく伸ばしていくためには、それぞれにもっとも合った関わり方をしていく必要があります。

ですから私の教室では、先生全員がその目で見極め、子どもがちゃんと自分で取り組むところまでしつけようと努力します。

じっと座っていられない子の場合は、まず興味を持たせることから、少しずつ少しずつ時間をかけて、できるようにしていきます。

こういうことは、教室だけでは限界があります。家庭でもちゃんと見てあげるように、お母さんにも伝えるようにしていますが、気づいていないことが少なくありません。あるお母さんは、

「ウチの子、充分うまく行ってると思っていた……」

という返事が返ってきて、びっくりしました。

幼児期の親の関わりは、その子にとってとても大事です。親の愛情の注ぎ方が、子どもの一生を左右することもあります。そのことを忘れずに、子どもとの関わり方、愛情の注ぎ方を謙虚に学びながら育てていってほしいと思います。

本当に自由にのびのび育ってる？

忙しくてあまり子どもに関われない親も、子どもが7歳になる頃には、皆、普通に小学校に行っているから、「ウチの子も普通に行けるだろう」と思っていたりします。

子どもは、年齢が行けば普通に小学校に行って、うまくやっていけると思っているとしたら誤解です。

幼児期に愛情を注ぎ、言葉をかけ、絵本や音楽に触れて、心を育て、自立ができたからこそ、学校に入っても、興味や意欲を持っていろいろなことを吸収していけるのです。

親がちゃんと関わっていないと、これから伸びていくための下地は築くことができません。

また、教室に通っている子どもの家族、特におじいちゃん、おばあちゃんの中には、「そんな早くから勉強なんかさせるなんて。もっと自由にさせればいいのに」などと言う人もいるようです。

そういう子は、よくどこでも走り回っていて、少しもじっとしていられないことがあります。一方で、じっくり考えたり、情緒豊かだったり、そういうところがちゃんと育っている子もいますから、この時期から子どもはすでに違っています。

「ウチはのびのびと育てていますから……」と、お母さんは胸を張るけれど、単に放置しているだけで、教室でもじっとしていなかったりするケースは珍しくありません。勝手に走り回るのがのびのびではありませんよね。


子どもは元気がよくて、ちゃんと考えることもできるバランスのいい子、特に、能力と情緒のバランスがとれた子どもになってほしい。それには、幼児期がとても大事です。

一生を左右するような心の形を作ったりするのも、この幼児期です。極端な例ですが、小さいときに虐待を受けてきた子は、一生それを抱えていくことになります。
この時期こそ、親が愛情をたっぷり注いで、心にいい環境を作ってあげましょう。

「ほめる」と「甘やかす」は何が違う？

最近入室してきた子の中に、教材が目の前にあっても、鉛筆すら握ろうとしない子がいます。先にちょっと触れた〝指示待ち〟状態の子と同じで、「名前を書いて」「はい、始めて」「終わったら持ってきて」……先生から言われないと、何にも自分からやろうとはしません。

ある日、迎えに来たお父さんの様子を見ていたら、その子が「トイレに行きたい」と言うと、すぐに抱き上げてトイレへ。帰りは、子どものカバンを持って待機していました。もちろん、「ちゃんと自分でやれるようにしつけましょう」と伝えたことは言うまでもありません。

こんなふうにしていたら、いつまでたっても自分から何かするということはできそうもありません。


私たちの教室では、ほめて伸ばすというのが基本です。できなかったことを言う前に、できたことをほめます。

こう書くと、「そんなに甘くて大丈夫?」と感じる人も少なからずいるようですが、「ほめる」ことは認めることで、「甘やかす」こととはまったく違います。

そこには、自立させるという強い思いがあり、いいところを伸ばす、という視点があります。肯定的に物事を考えるのです。

ところが「甘やかす」では、自分ですることが大事、という意識が親にありません。だから自分で動けない。自分でしようという発想が生まれない。これでは、自分の世界が広がるわけがありません。

子どもが転びそうになったから、即、手をさし出す……それが、親の役目と思ってしまっている人が多いようです。

いつも手を出していたら、子どもがさっと身をかわしたり、バランスをうまくとったりして転ぶのを避けるチャンスを逃してしまうかもしれません。

「危ない！」と言って手を出すのではなく、自分で判断して危ないことを避ける子どもにしてあげましょう。この判断力をつけないと、自立することはできません。

できるように教えて、できたらほめてやる、ということが大事です。

幼児でも、自分で動き出した子どもは、人間的にもしっかりしてきます。時間の管理なども自分でするように導きます。自分の問題、自分でするべきことと受け止められるようになれば、よい成長があるでしょう。

ちゃんとした知能があるのに「きりん」がわからない子

教室に通って来ている子どもたちを見ると、しっかりした子は、年長になってくればちゃんと自分のことが自分で完結できています。日常のことも、自分でほとんど判断し、実行していきます。学習についても、小学生レベルのことを、自分でやれています。

それが、当然のようにできていて、学ぶということに対しても、何か手ごたえのあることと捉えてやっているように見えます。

ところが、つい最近入ってきた年長の子の中に、「きりん」の絵を見せて「これは何て言うの？」と聞いたところ、名前がわからなかった子どもがいました。

かなりの驚きでした。どこの動物園でも必ずいる、首が長くて黄色い動物の「きりん」です。その子は知能が劣っているというわけではありません。親が忙しくて、絵本を見せることも、言葉を教えることもなかっただけです。何にも教えなかったら、わからなくても仕方がありません。

この子の親も、「年長になれば、小学校に入れば、何でも自然にわかるようになるだろう……」と、何となく思ってしまっている親たちのひとりのようでした。


ひと口に年長と言っても、個人差が大きいです。小学校に入っても、ちゃんと数が数えられない子もいます。教室では、入室のときに簡単なテストをして、その子のできることから始めます。

お母さんも、子どもに何ができて、何ができないかを見極め、できなければ鉛筆を握って、線を書くところから始めましょう。きりんがわからなければ教えてあげればいいのです。線が書けたら、きりんがわかったら、ちゃんとほめてあげることを忘れずに。

少々遅いスタートでも大丈夫です。進み度合いの〝目安〟は、子ども自身。その子に合ったペースで、一歩一歩確実に積み上げていくようにしましょう。

第2章

子どもは、本当は〝勉強したい〟のに……

「勉強したい＝認められたい」である

教室の午後4時――。

幼児たちに続いてドッとやって来るのが、小学生たちです。学校帰り、友だちとのおしゃべりに夢中な子、元気に駆け込んでくる子……窓越しに子どもたちの様子が見えると、先生の誰からともなく上がる「御一行様がやってきたよ～」という声。

すぐに先生がふたり、入り口で待ち構えて、子どもたちを落ち着かせながら誘導します。あっという間に、埋まっていく席。先生と軽く言葉を交わすと、子どもたちはさっさと自分の学習に入っていきます。

何て素直なんだろう……私はいつもうれしくなります。さっきまで、おしゃべりをしたり走ったり思い思いにやって来た子どもたちが、いっせいに机に向かう姿は壮観でもあります。

誰が強制しているわけでもないのに、こんなに一生懸命勉強に入り込める。その原動力は、皆ちゃんと〝できたい〟から。できたいというのは、認めてほしいということです。それも、親に認めてほしいのです。

「できたね」

「よかったね」

「すごいね！」

そう言ってもらうことが、何よりうれしいのです。

もちろん、そんなことをはっきりと意識しているわけではありませんが、認めてほしいから、ちゃんとできたい。それには、勉強したい。だから、こんなに夢中になれるのだと思います。


でも、いちばん認めてほしい親は、できたことよりも、できなかったことのほうに目が行ってしまいがちです。

「何よ、ここができていないじゃないの……」

あなたは、すぐこんなふうに言ってしまっていませんか？　そうではなく、まずはできているほうに目を向けてください。

「できた、できた！　こんなにできるようになったね～」

それだけで、子どもの顔色が変わります。パッと明るくなったら、

「次は、こっちも間違えないようにしようね」と、それだけでいいのです。子どもにとって、ほめられたことが、次への大きなモチベーションになるのです。

線一本でもほめられるお母さんになるとラク

認められるとやる気になる、ということでは、幼児期の子どもの様子がわかりやすいです。

私の教室には、下は2歳の子から入室してきますが、小さい子が得意になって勉強している姿は、それは可愛らしいのなんのって……。

学びの基礎の基礎、最初の一歩は線を書くだけ。それと、言葉を少しずつ覚えていくことです。

線を書くには、鉛筆を握ることから始めます。初めは、ただまっすぐに線を書きます。これで、鉛筆の使い方を徐々に身につけていきます。ちょっと慣れてきたら、動物や果物などいろいろな絵の中や周りを、鉛筆でなぞるように線を書いていきます。この線書きに向かおうとする心が大切なのです。

こんな他愛のないことに子どもたちは夢中になり、何回も何回も、飽きずに線を書き続けます。すると、だんだんしっかりした筆圧で書けるようになってきます。

「うわぁ、きれいに書けたね～」

私たちは、そう言って大きな花マルをつけてやります。すると子どもは、もっともっと一生懸命に書こうと集中します。

これが、いつの間にか文字になり、数字になり……と、少しずつ上のステップに上がっていくことになるのです。

子どもは、これを勉強と思っていませんし、楽しいことを夢中でやっているだけ。お母さんには、いつも「お家でも、楽しくさせてあげてくださいね」と伝えています。

普通、なかなかお母さんは待てません。すぐに文字が読めて書けることを期待し、数字が書けて計算ができることを求めたくなります。

しかし、あえて先回りをしないことが、その後の脳の驚きの伸びをもたらすことをわかってください。

親が認めてあげれば、子どもはどんどん勉強する

「この子、学校の勉強がまるでできないんです」

お母さんがこう言いながら、私たちの教室に連れてきた小学4年生のショウくん。

お母さんだけでなく、お父さんや先生にもいつも否定されているらしく、もはや「何とかがんばろう」という気持ちさえもなくなっているように見えました。子どもらしい元気さも、陰をひそめています。

自分で物事を解決しようとか、判断しようという様子もうかがえず、ふだん

の生活で自立できていないであろうことも見てとれました。無理やり連れて来られたのでしょう。

ちょっとしたことでも、お母さんがほめていれば違っていたのに……と思いました。

でも、今からでも遅くはありません。誰でも伸びる能力を持っているのです。まずは、担当の先生が、とてもやさしいところからスタートするようにして、励ましほめながら対応していきました。あんなに憮然としていたショウくんの表情がだんだん穏やかになってきて、自分からも進んで勉強するようになってきました。

何と2回目からは、うれしそうに自分で教室にやって来るようになったのです。何か楽しいことを期待するかのように……。この様子をお母さんに伝え、すかさず喜んでやってほしいと伝えます。


「こんなにやさしいのに、どうしてさっさとできないの？」

「ここところが違っているじゃないの。ホントにダメなんだから……」

「何で、こんなに雑に書くの？　字が汚いんだから、丁寧に書きなさい」

こんなあら探しばかりでは、子どもも落ち込んでしまいますね。せっかく湧いてきた意欲を壊してしまいます。

ショウくんのお母さんには、ダメなところでなく、できているところに目を向けてほめるようにしっかり伝えて、わかってもらいました。

親に認められれば、がんばろうという気が出てきます。親が変われば、子どもは本当に変わることができるのです。誰でも能力は持っているし、本当はできるようになりたいのです。

しっかりとした自己を築いて行けるよう、子どものよさを認めて応援していってやれる親になること。これが何より大事なのです。私たちは、そんな親をほめ、認めてあげることをまた大切にしています。

ショウくんのお母さんから、感謝の言葉を述べた手紙が届きました。

「あの子が変わりました。先生にしっかりほめてもらえるのがうれしくてたまらないようです。私も反省しました」と。

子どもがワクワクして勉強できる環境を整える

子どもがワクワクして「やりたい」という環境を整えてやれば、自分から進んで勉強する気になっていけるものです。

自分が楽しいと思えるものなら、遊びだろうが、勉強だろうが、スポーツだろうが……何であろうと、黙っていても子どもはやりたがります。

親というものは、子どもに対して厳しくしないとダメなんじゃないか、という思いがどこかにあります。それが、親の役目だと思っているところが……。

実は、私もそうでした。ちゃんとした子に育てるには、厳しくするべきなのかなと、思いながら育てていたところがあった気がします。

ところが、いくら厳しくしようが、子どもの心を充分にわかってやらないと、うまくいくはずがありません。

どうすれば、子どもをうまく伸ばしていくことができるのか。一緒にワクワクすることができるのか。それをわかってやろうと努力しましょう。

子どもが本当に喜んでやっていけるものでなければ、続けられないでしょうし、今はまだ隠れている能力を伸ばしていくことはできません。子どもが「好き」「面白い」と言ってやっていることは、間違いなく伸びていきます。

それは、子どもの様子を見ればすぐにわかります。楽しそうにやっているか、イヤイヤやっているか……ちゃんと観察してください。


ただ、楽しければそれでいいというものでもありません。子どもには、質のいいものを与えることも大切です。勉強でも、習いごとでも、積み重ねていくことで、確実に子どもを大きく伸ばせるような学習法を選ぶようにしましょう。

私たちの教室では、まずお試し入室があり、その子がどんな傾向があるかを見るために簡単な測定テストを行います。なるべく、チェックという感じにならないように、ここができる、できないということは言いません。

できるだけやさしいものをやってもらいますが、「これができていれば大丈夫ね」などと、できることを認めることから始めます。

小さい子なら、待っている間にできそうなパズルを持っていって「どれが好き？」と聞きます。すると、子どもたちはすぐに食いついてきます。できたら、「こんなのができるんだから大丈夫。上手だね！」とほめれば、面白がって、次からは教室に飛び込んでくるようになります。

まずは、楽しいと思えるものからスタートします。厳しくする必要は、まったくありません。最初に楽しいと思えば、きっとうまくいきます。

どんな子でも受け止めが必要

「タッくん、ぜ〜んぶ１００点で素晴らしい出来だね。大野先生にも見せて、ほめてもらってらっしゃい」

担当の先生とハイタッチしたタッくんが、一目散に私のところに飛んできて、ちょっと得意気にテスト用紙を差し出しました。私はすかさず、

「タッちゃん、すごいね。あのお兄ちゃんみたいになれるかもね」

と、同じ教室の憧れのお兄ちゃんという目標を示して、次へのステップを上りやすくします。

ほめたら、それだけで終わらせない。これは先生同士で決めたことです。

「今度、優秀者で表彰されるかもしれないね」

「次にここをマスターすれば、何年生レベルまで行けるね」

「ここを目標にしようね」

プラスαで次の目標を見せて、さらに上を目指したくなるような、やる気をくすぐる働きかけをするのです。

うまくいっていると思う子でも決して目を離さない。声をかけることを忘れない——私が、よく先生たちに言っていることのひとつです。

教室では、教材のワンステップが終わると進級テストがあります。このテストは、「確かにできる」という力をつけてから、受けさせるようにしています。ちゃんとできたつもりでいても、実はよくわかっていない部分が見え隠れしていることも少なくありません。中途半端でなく、進級できるという目安でテストをさせることにしています。

優秀で順調に伸びているように見えても、何かにつまずいてやる気が失せることも少なくありません。子どもの心は、簡単に傷つきます。うまくいっているときにも、しっかりと見ていてあげる必要があります。

スポーツ選手なら、失敗してケガをします。でも、勉強ではケガはありませんから、心の痛みや傷が見えにくいのです。見えないケガもちゃんとケアをしながら、基礎体力がついたら、次のステップを目指すようにすることが大切です。

そして、よくできたら「こんなにいい成績で合格しました。素晴らしいですね」と、テストの上にわざと赤ペンで目立つように書いて、お母さんに見てほめてもらうようにするのも、先生たちの考えです。

こういうことを常にしていくことが大切だと、私は思っています。

「勉強しなさい」という勉強しなくなる矛盾

「勉強しなさい」と、厳しく言えば、子どもはちゃんと勉強するのでしょうか？　もちろん、答えはノーです。

親が、上から目線で言えば言うほど、子どもは親に対する反発を感じるようになるだけです。

ここで少し、あなた自身のことを思い出してみてください。

あなたが子どもの頃はいかがでしたか？　親や先生から「勉強しなさい」と強く言われて、「よし、がんばろう！」という気になりましたか。むしろ、やりたくなくなったのではないでしょうか。

言われれば言われるほど素直になれなくなり、「うるさいな」「放っといてよ」こんな言葉を返していたのではないでしょうか。

そんなことを思い出したら、子どもに口うるさく言っても、ほとんど効果がないことは、重々おわかりかと思います。

私は親として、自分の子どもに「勉強しなさい」と言うことはほとんどありませんでした。幼児期に楽しく学び、多くのことを吸収し、興味を広く持たせていたので、勉強は自分でするものになっていたからです。

その代わりというわけではありませんが、よく「やりなさい」と言ったのは、バイオリンのお稽古です。

子どもには何かひとつ、ずっと通して努力することを作ってやろうと思っていました。それなら、「音楽が一番子どもを豊かにしてくれるはず！」と、特に音感を作ってくれるバイオリンを習わせていたのです。

もっとも、親の心子知らず、子の心親知らず……というか、子どもは「やれ」と言われてしていたのです。でも、決めていたことなので、けっこう厳しくやらせたと思います。

子どもはバイオリンが好きなわけではありませんでした。にも関わらず、ずっと続けさせていましたが、子どもが小学校を終える頃、「もう無理かな」と思い始めました。スポーツや他のことに熱中し始めていましたから……。

家で練習することもなく、ただ先生のところへレッスンに行くだけでしたので、高いレッスン料も意味がないか、という気もしてきました。

「もう小学校も卒業だし、やる気がないならバイオリンやめていいよ」

そう言ったら、子どもは「続けてきたんだから、やめない」と言い出したのです。「やりなさい」と言えば、子どもはやらない。でも「やめなさい」と言えば、自分でやる。なかなかひと筋縄ではいかないものですね。

結局、バイオリンのお稽古は高校生まで続きました。

そして、大人になってオーケストラに入り、またバイオリンを始めました。趣味として、楽しんでやっています。「子どもを豊かにしてくれる」という思いは、もしかしたら間違いではなかったのかもしれません。しかし、関わり方が良くなかったと、後になって理解し反省しました。

短時間トレーニング学習

野球の選手は、バッティング、キャッチボールはもちろん、ランニングや基礎トレーニングなどを毎日欠かすことはありません。サッカー選手や他のスポーツの選手も同じですよね。

「基本、基礎がちゃんとできてこそ、試合でのファインプレー、タイムリーヒットやホームランを生むことができます。時間をかけてトレーニングを積み重ね、努力を続けて一流になるのです」

教室に入室してくる子どものお母さんたちに、私は、いつもこう言っています。というのは、勉強もこれと同じだからです。

基礎が身についていないと、先生がいくら説明しようがなかなか理解できません。学校から宿題を出され勉強を家庭に託されても、お母さんの教え方には感情が加わって、よけい頭に入らなくなります。その結果、子どもは逃げ出したくなる……というのが、よくあるパターンです。

こんなことをなくすには、「子どもに合った基礎からのトレーニング」がもっとも効果的です。私たちの教室では、基礎からしっかりと組み立てられている学習システムの中で、その子に必要な学習トレーニングをしています。

トレーニングを始めると、脳がそれに沿って動き出し、心の動きと共鳴し合って進み始めます。それをしっかり認めてやりながら、毎日の習慣にしていくようにするのです。


学習トレーニングは、だらだらと何時間もやる必要はありません。私たちの教室では、1日1教科20分ほどが基本。短い時間ですが、集中してやります。大事なのは、これを毎日続けることです。できれば、毎日大体同じ時間に始められるようにしておくと習慣づけやすいでしょう。

楽しい学習にして、ちゃんと毎日実行できるようにする必要があるのは言うまでもありません。自分でできるようになるためには、親の応援が不可欠です。

学習が好きで、毎日の学習トレーニング習慣がつくことが何より大切です。

あせらずに続けていれば、確かな実力が積み上がっていくことは間違いありません。私の教室では、中学・高校で最優秀となる生徒たちが育っています。

毎日着々と積んでいくということは、なんと尊いことだろう！　私は、いつもこう思っています。

まったく字が読めず数も数えられずに入室してきた子が、どんどんわかるようになり、今では自分の学年のずっと上の勉強をしています。幼児のときからトレーニングを積んできた子が、中学・高校・大学の受験勉強に自分で取り組めて、悠々と優秀な学校に合格していっています。

2年、3年、5年、10年、そしてそれ以上……着々と積み上げている生徒たちの、この学習トレーニングの効果は、ほれぼれするほど素晴らしいものです。

成果を上げるためには、お父さんお母さんは子どもとのよい関係を持つように努めて、楽しい家庭環境をいつも用意してあげましょう。

自分で自分の勉強に責任の持てる子に育ってもらう。これが、確かな成長なのです。

親は目先の成績が気になってしまって、成果を急ぎがちです。なかなか待てないことが多いものです。今のことで一喜一憂せずに見守り、子どもが大きくなったとき、確かな力をつけて成長できるように、長い目で見てもらいたいのです。

第3章
子どもの成長を止めないで！
～親が陥る勘違い子育て～

「できるところからする」大切さ

学校についていけない子、学習が遅れている子だけでなく、普通にできている子、学校ではできている子も、入室してきたときの学力測定テストの出来を見て、どれほどの力があるかを推測します。

一度のテストでは測りきれないこともあるので、最初は一段とやさしい内容の教材を与えてみて、その出来具合によってまた調整します。ほとんどの場合、かなり学年より低いスタートが必要です。

例えば、2年生で、たし算・ひき算が何とかできていても、時間がかかったり、指を使ったりするようでは、数列からちゃんとわかっているか怪しいです。それで、幼児用の教材を与えます。4・5年生でかけ算・わり算が難しければ、たし算・ひき算も力不足でしょう。

中学生や高校生であっても、分数の力が充分でないことが多いです。生徒一人ひとりに合わせて、基本をかなり徹底しないと数学にはたどりつきません。私たちは高いレベルの数学ができるようになるのが目標なのです。

また国語では、文章の読解力がどれほどあるかしっかりつかまないといけません。大きな個人差がありますが、学校のテストの出来だけではわかりません。読書量の差が大きくついているのですから。結局、国語は文章の理解力が決め手になります。たくさんの文を読んで理解する学習を心地よく積むことが大切なのです。

幼児～小学生の場合、たどたどしい読みでは文を理解することなどできませんから、徹底した読みの教材を楽にできるところから始めます。徐々に文章レベルが上がっていく学習をしなければ対応できません。文章も読んで楽しくわかるところでなければ取り組めませんし、身につきません。これは学年が進んでも同じです。

英語も、「お楽しみ教材よ」と言えるような、特にやさしいスタートにします。やっと覚えられるくらいの〝お勉強〟的な英語から始めたら、英語に心が躍らないでしょう。やさしく楽しい教材から始めれば、みんな「英語が一番好き」と言ってくれます。楽しくできた教材で、英語も毎日聞いて、読んで、欠かさず取り組むことが必要です。英語の発音になじんで、聞き取れる耳を作っておきたいものです。

こんなふうに、どの教科もさっとできて満足感があり、できた喜びを感じて取り組めるやさしい内容から始めることによって、むしろ進みは早く、学年レベルを超えていくことができるのです。中には急激に変わる生徒もいて、驚くほどの感激の場面もこれまでにたくさん見てきました。

ですから、大人が考えがちの勉強、「今学校でテストの点が取れるように、学年レベルをさせてほしい」というのは、却ってうまくいかないのです。

家を建てるのに、土台が危なかったらちゃんと建てることはできません。学習の土台をしっかりと築くためには、子ども自身が取り組む姿勢を持つことが大事なのです。

親の期待する教育が、子どもの将来を奪う

私はこれまで何千人ものお父さん、お母さんたちを見てきています。そんな中で心配なのは、「成績優秀な子に育てなきゃ！」という思いが非常に強い親がいることです。

子どもの教育を〝学校の成績〟や〝テストの点数〟という観点でしか捉えない場合が多いように思われます。

これは、大きな間違いです。

家庭のいちばんのプロジェクトは、子どもを競ってよい学校に行かせることではありません。子どもを、自分に責任の持てるひとりの大人に育て上げることと――それが子どもの人生のため、社会のための尊い目標だと思うのです。

テストに強い優秀な子どもにしたくて、高いお金を払って受験のための幼稚園に通わせようとします。そういう幼稚園では、子どもが小さいうちからとて

も難しいことをさせています。どんどん文が読めて、書けて、計算もできて、英語もわかる子どもに……と。

自分が何をやらされているかもよくわかっていない子どもは、勉強に対するイヤなイメージを植え付けられてしまう場合が見受けられます。

でも、親は「ここでなじませないと、この子はうまくいかないだろう」と思い始め、いっそう必死になって、がんばらせようとしてしまいます。

しかし、人は心――すなわち喜びや楽しさ、興味によって脳が動き、意欲がわいて努力ができるものです。それがよい成長につながります。

イヤイヤやっていたり、プレッシャーばかり与えられていては、よい学びなど望めません。難しいことをさせるより、まずは心を育ててあげるようにしたいものです。

他の子を基準に、自分の子を測る親

前項のような〝勉強の出来〟だけでしか教育を考えられない親たちにありがちなのですが、よその子の優れたところを見ると、「ウチの子も……」とばかりにがんばらせようとする人がいます。

「え！　あの子、年長さんになったばかりなのに、かけ算やっているんですって」

「もう漢字が書けるの？　ウチなんか、ひらがなもろくに書けないのに……」

自分の子がとても劣っているように思えて、あせりを感じてしまうようです。

こんなふうに他の子どもを基準にして自分の子どもを測る親、私の周囲でも多く見受けられます。

特に、受験のための幼稚園に行っている子が、難しいことをやっているのを見ると、「ウチも行かせればよかったかしら……」と、不安を抱くことが少なくないようです。

挙句の果てに、「先生のお教室でも、かけ算をやらせてくれませんか」と言ってきた人もいます。


とても難しいことができるのは、確かに、ある部分の能力は発達しているのでしょう。元々そういう能力のある子なのかもしれません。

そういう子たちも、どこか穏やかでないのが気になります。同年の子と比べては、

「今どこやってるん？　ボクのほうが勝ってる！」

「よし抜いてやろう」

すぐそんな言い方をします。


年長でうちの教室へやってきたカズくんも、そんな子でした。

「もう3年生のことができるんです」

お母さんは誇らしげにそう言いますが、実はポツンポツンとできていても、穴だらけで、ちゃんとつながってはいませんでした。基礎がしっかり埋まって

いないので、部分的にはわかっても全体を完全には理解していなかったのです。難しいことを知っているということは、一応認めます。ただ、ウチの先生たちは「もう1回ちゃんと埋め直しましょう！」と、やる気満々でした。

本当に優秀な子は、ちゃんとやり直せば、すぐに穴が埋まってまっとうな伸びができます。ですから、それはマイナスからのスタートではありません。

ただ、勉強というものは基礎を一歩一歩積み重ねて、伸びて、広がるのが望ましいのです。ここがしっかりできるようになったら、次のステップに行く。この繰り返しです。ちゃんと土台を築きながら、難しいところへ進みます。

特に子どもの発想力が高まり、飛躍したくなるケースに出合ったときは、大いに挑戦させることがあります。

ですから、私たちの教室でも難しいことをやらせないわけではありません。ちゃんとそのレベルに達していれば、いつでも進んでもらいます。

よその子の基準ではなく、その子にとってベストな選択と関わり方で進めていくことが大事なのです。

子どもは親の支配下にはないことを自覚しましょう

以前、とても優秀な子が教室に入ってきました。両親も親せきもすべて医者ばかりの家で、長男であるその子も、生まれたときから医者になることが〝決められて〟いました。

小学2年生の彼の学習レベルは、算数は5年生、英語はすでに中学2年生レベルをこなすほどでした。宿題もきちんとやって来る真面目さもありました。

でも、日常のことが自分でできない子でした。

例えば、教室に来てもあいさつができない。学習レベルは高いのに、勉強の準備を自分からするでもなく、「早く始めなさい」と言われないと始めない。終わっても、自分の持ち物の片付けも帰り支度も遅い。

しかも、自分から口をきくことは少なく、おどおどした様子がありました。

このままでは先々が心配だった私は、「もう少し自分のことが自分でできるようにしつけてあげてください」と親へ働きかけました。しかし、親はあまり気にする様子もなく、突然「今月でやめさせます」と言ってきたのです。

どうやら受験塾に行かせることにしたようです。本人に聞いてみると「そんなこと、ボク知らない」と言うだけ。お母さんに聞くと、

「ウチの家系はみんな進学校を出ているので、あの子も行かせないと……」の一点張りでした。

「ウチは、そう決めてますから。医者にしないといけないんです。それが宿命なんです」

きっと近い将来、反抗期が来て、つまずくことがあるでしょう。今は、まったく口答えなどしませんが、内にたまったものは、いつ、どんな形で爆発することになるか、とても心配です。私が何もしてやれなかったことが悔やまれました。

「子どものため」と言いながら、本当は、親の名誉や誇りのために、子どもを駆り立てている親の姿があります。医者にする夢、〝優秀な子の親〟と言われる夢、名門大学へ入れる夢……自分の願いのために、子どもの自主性、自立心

を奪ってはいませんか？

世間の目を意識して、子どもを自分の看板にしようとする親。これでは、子どもは素直に育つことはできません。

子どもの将来は、親のものではありません。子ども自身のものです。親がすべきことは子どもを支配することでなく、子どもが自分で伸びていけるようにサポートをしてあげることだと思うのです。

まずいところを指摘するのが親の役目ではない

採点用紙いっぱいの大きな花マル、それに、子どもたちが書く文字の何倍もの大きさで書かれた〝100〟点……私たちの教室では、よくできているときには、「よくがんばりました」という気持ちを、わかりやすく伝えています。

それを手に取ったとき、子どもたちはうれしそうな、得意気な表情を見せてくれます。

そんな小さな自信を、打ち砕いてしまうのが親の心ない言葉です。

「ようできたと言っても、ここが間違っているじゃないの」

このたったひと言で、紅潮しかかっていた顔がいっぺんに曇ってしまいます。

どうかそれだけはやめてください。


親というものは、どうしても子どものまずいところばかりが気になってしまいがちです。子どものまずいところを見つけて、注意するのが親の役目と思っているのではないでしょうか。

あれがいけない、これがいけない。ああしなさい、こうしなさい。親は、何かにつけて上から目線で、子どもに押しつけてしまいます。

私自身そういう親だったので、よくわかります。まずいところを直して、少しでもよくしようと、すぐに叱ってしまいますよね。

まずいところに目を向けてばかりいては、なかなかよくならないのが現実です。まずは、そのまま受け止め、プラスのところに目を向けて、そこを伸ばしてあげることが大切です。

プラスのところを伸ばすことによって、必然的にできなかったことが補われていくこともあります。それから、改善すべきところを考えていけばよいのです。

１００問の問題を解いて10問間違えていたとしても、「10問も間違えているじゃないの」ではなく、「90問もできたね、もう少しだね」と言う親でいてください。

子どもを豊かに育てていくには、親にも心の豊かさが必要です。

何より、ふだんから子どもに×をつけるのではなく、大きな花マルをつけてあげるようにしてください。そうすれば、そのマルがきっと子どもを大きく伸ばしてくれることになるでしょうし、親も気持ちが楽になります。

生真面目な親ほど子どもを厳しくしつけてしまう

子どものまずいところを見つけて直そうというのは、生真面目な人に特によく見受けられる傾向です。

こういう人たちは真面目過ぎるがゆえに、こだわりが強かったり、なかなか相手を認められなかったりするところがあります。

それは、自分の中に〝基準〟を持っているからです。そして、例えば「もう5歳なんだから、あいさつくらいできるはずなのに」とか「年長になったんだから、帰ったら〝ただいま〟、何かしてもらったら〝ありがとう〟くらい言えないの？」などと、すぐ思ってしまいます。基準通りのことができていないと、つい「何でできないの？」とか「何やっているのよ」などと子どもをキツく叱ってしまうのですね。


でも考えてみてください。5歳になったのに、年長さんになったのに、まだできないと言うけれど、5歳や年長というのは、何の基準なのでしょう。子どもの成長に、普遍的な基準などありません。

お母さんができるようにしてあげるからこそ、それができるのであって、5歳になったから、年長になったからできるわけではありませんね。

子どもが勝手にできるようになるわけではないのです。当然のことですよね。

勉強も同じです。その年齢になれば自然に「あいうえお」を覚えるわけでも、数字が急にわかるようになるわけでもありません。

放っておいてできるわけがないのに「何でできないの」と、強く叱る。叱りつけてやらせようとしても、子どもは素直になれません。だから、親はよけい怒る。よけい叱る。子どもはイヤがる。堂々巡りです。できる子でさえ親の思いの基準に合わないと許せないお母さんが居ます。

どんなにまずくても、まずはほめることから始めましょう。どんな子でも、必ずいいところは持っているのですから。ほめて、自然にやる気が出てきたら、自分の子どもに合わせてしつけてあげましょう。

いつも近くにいるお母さんが頼りなのです。子どもはみんなお母さんが大好きです。お母さんこそが、よい教え方をしてあげてください。

よその子はほめられるのに、自分の子はほめられない

「お母さんねぇ、お子さんのいいところを言ってみて」

ガミガミ怒ってばかりいるお母さんには、時々こう聞いてみることがあります。すると、そういうお母さんに限って、

「いいところなんか、あまりありません」

これでは、子どもが可哀そう。いったい自分の子のどこを見ているのかしら……と悲しくなってきます。

そのくせ、「あの子、すごいよね～」などと、よその子のことはよくほめたりします。まあ、隣の芝生は……ではありませんが、よその子はよく見えるようです。

それも仕方がないことで、よその子の細かいところなど見えるわけがありませんから、大体うまく行っているように見えるものなのです。

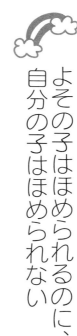

本当なら、いちばん身近でいつも見ている自分の子だからこそ、いいところはたくさん見ているはずです。でも、見ようとしなければ、目に入りません。ちゃんと見て、「今日はがんばったね！」「よくできているよ」と認めてあげてほしいものです。


わが家の隣にコンビニの駐車場がありますが、そこに、呆れてしまうくらい、いつもいつも叱ってばかりいるお母さんがいます。怒れば怒るほど、子どものほうも素直になれずに反発。それを見て、お母さんの怒りのボルテージは上がる一方で、両方がどんどん激高してきます。

こんなことが日常化すると、子どもはよけい反発しますから、お母さんは怒りっ放しになってしまいます。

「何やってるの。早く座りなさい！」

「何でそんなこともできないの！」

「何回、同じことを言わせるの！」

時々、お母さんと子どもが大声でバトルを繰り広げていますのが聞こえてきます。

外にいてもこの騒ぎですから、家の中ではどれだけ怒っていることか……と不安になってきます。

どうか子どもを自分の感情のはけ口にしないでください。怒りの刃を向けてばかりいると、子どもの魂を傷つけてしまいますよ。

半年間のカウンセリングで学んだ、子どもとの向き合い方

この章の〆として、最後にひとつ、私自身の子育ての話をしましょう。

私には息子がふたりいます。そのうち長男は小学5年生の頃から、親に対する反抗的な態度が目立つようになってきました。

精神的な発達が早い子で、高学年になると自我意識も強くなり、何かにつけ「黙っといて」「うるさい」などという言葉が出てくるようになっていました。

そして中学校に入ると、帰宅が夜遅くなることが多くなりました。水泳を始

めていて練習が厳しかったのもありますが、部活が終わっても、先輩たちと一緒にゲームセンターなどにも出入りしているようでした。

家で勉強する姿など見たことなし。ちょっとでも注意しようものなら、「うるせぇ」と声を荒げられることも珍しくありませんでした。

ウチの子がどうして、こんなになっちゃったの？　と、思い悩む日々……。主人に言っても、「あの年頃の子は、そういうもんだよ。放っといてやれ」と、あまり取り合ってくれませんでした。


そんな折り、アメリカの臨床心理学者トーマス・ゴードン博士が提唱する『親業』という子どもとの関わり方、子どもに関するカウンセリングについての講習会が開かれることを知り、さっそく参加することにしました。主人からも「しっかり聞いて来い」と背中を押されました。

そこで「子どもの心は、親に反発をするようになるもの。自立しようという自我の芽生えなのだから、これまでのように押さえつけようとするのはよくない」ということを改めて知ったのです。

そういう時期には、学校に行かなくなる子もいるけれど、「何で行かないのよ！」と、言い聞かそうとするのは逆効果。「学校には今日はお休みしますと言っておくからね」と言ってやるのがいいというのです。

「イヤだ」と言ったら、「やらなきゃダメ。大変なことになるよ」ではなく、「イヤなの。きっと何かしんどいんだね」。

「ご飯食べたくない」と言われたら、「そうなの。よほどのことがあるのね」と、そのまま受けてやります。

子どもから投げられたボールは、そのまま受け取って、そのまま返してやる。こうしているうちに、子どもは自分でわかってくるのです。まずいことは、自分でちゃんとわかってくる。それを待つしかないのだそうです。

私は、心から納得しました。そして、講習会で聞いた通りのことを実践したのです。子どもが反抗的な態度をとっても、イヤな顔をせずに「お腹空いてない？」などとしか言いませんでした。

驚いたことに、ひと月ほどで、子どもの態度がみるみる変わってきたのです。「うるせぇ」などとはまったく言わなくなりました。反抗的なところがなくなり、様子が落ち着いてきたのです。

「取り返しのつかないことになるかも」という私自身の思い込みがあったのと、子どもの変化を理解せず、それを受け入れていなかった私自身の態度が、そういう親子関係を作ってしまっていたことに気がつきました。

このカウンセリング講習会のあと、ワークショップにも半年間通って勉強しました。親は、子どもの変化、特に反抗期についてはちゃんと勉強をしておかないといけません。私の自戒の念を込めて、お母さんたちには、そうお伝えするようにしています。

第4章

お母さん、あせらないで！

~小学校でも取り返せる親子の関わり~

自分でできれば、小学校でもラクなのに……

小学校に入ることは、子どもたちにとっては、ひとつの大きなターニング・ポイントになります。

学校の勉強が始まり、新しい先生や同級生たちに囲まれ、これまでとは環境が大きく変わります。中には、この変化にうまく適応することができず、学校に行きたがらなくなる子もいるようです。

幼児期から私たちの教室に通って、学習を積み重ねてきている子どもたちを見ると、学校をイヤがるような子は、まず見当たりません。

勉強だけでなく、ふだんの生活についても、それなりに対応力ができている子は、つまずくこともなく、小学校生活を楽しめているようです。自分のことは自分でできるし、何かあっても自分で判断し対応する力が身についているのは、強みですね。

ところが、親に放っておかれた子ども、逆に過剰に関わられた子どもの場合、先生の言うことが把握しきれなかったり、うまく対応していけなかったりしがちです。

「次に持ってくるものを書きますから、書きとってね」と、先生に言われても何をしたらいいのかわからない。だから何もせずに、当然ながら次の用意もできずに来る。皆はちゃんとできているのに、できないで叱られる。そのうちに、学校に行くことに抵抗を感じるようになるということもあります。

いちばんの問題は、幼児期の基礎がちゃんとできていないこと。そのため、先生の言うことが把握できず、物事にもうまく対応できません。また、メインとなる国語と算数もなかなか理解できないということも問題です。

「これじゃあ、この子、勉強ついていけそうもないわ」と、親はハタと気づかされ、あわて出します。

「これは、何とかしなくては」とあせって、子どものお尻を叩いてがんばらせようとするのですが、親がやればやるほど、うまくいかないという現実……。

勉強させようと思っても、これまで何もせずにいて、急にうまく教えられるはずもありません。

特に、幼児期の基礎ができていなければ、簡単なことでも理解するのは困難です。「何でこんなこともわからないの?」と、だんだん感情が入り込んで、子どもをいっそう叱ってしまう。子どもは、投げ出してしまう。挙句に「勉強なんか、大嫌い!」という子が、またでき上がってしまいます。

学校の先生は、「家で教えてやってください」と宿題を出すしかなく、親は親でうまくいかず、どうしたらよいかわからなくなって、子どもと大ゲンカ……などということも少なくありません。

ほとほと困り果て、私たちの教室へ子どもを連れてくるお母さんが毎年います。もっと早く連れてきてくれれば、こんな大変なことにならずにすんだのに……。いつも心の奥で、そうつぶやいています。

学校に行けなくなってしまった兄弟

5年生のタケくんと、2年生のショウくん兄弟が教室に初めてやって来たのは、今から1年ほど前のこと。ふたりとも、元々引っ込み思案の性格だった上に、勉強についていけないことが引き金になって、学校へ行けなくなってしまいました。それまで、勉強から完全に逃げていたようです。

入ってきたときのタケくんの学力は、小学校1年生レベル。お兄ちゃんの少しあとから入ってきたショウくんのほうは、まだ幼児レベルでした。

タケくんは、1年生レベルのやさしいことから始めました。教室では、とても素直に学習をして、「よくできたね」と先生からほめられると、笑顔が出て、楽しそうに取り組んでいました。

家では、親に一生懸命やるように強いられた、よほどイヤな印象が残っていたのでしょうか。家での宿題はやりたがりません。

「どうしてもやりたくないなら、宿題なしにしよう。教室でたくさんやろうね」と、しばらく宿題はストップしていました。

「教室では、よくやれているよ。伸びてきたね」と繰り返していたら、そのうち自分から言い出したのです。「ボクに宿題をください」と。

これだけでも、大きな進歩です。宿題はそんなに多くはありませんが、少しずつでも、習慣づけるために続けています。

1年ほど経った今、タケくんは3年生レベルを学習しています。少しずつ登校もできるようになってきました。

お母さんには、「宿題のことはチェックしないでくださいね。あの子にまかせて。親が言うと、あの子はイヤがりますよ。こちらで対応しますから」と言いました。


ショウくんのほうは、鉛筆で線を書いたりパズルをやったりするところからのスタート。まず、作業力をつけることがいちばんです。

また、ひらがなや文章の読みもやりました。「クマさんが山から下りてきて、ウサギさんと遊びました」というような短い文章を読んで、「この山、いいところみたいね」などと話をしながら、読んで内容を掴むという訓練。幼児と同じことを学習して、順調に伸びてきています。

今は1年生レベルになりましたが、最初は「宿題イヤ」と言っていたのが、お兄ちゃんの真似をしてか、「ボクも、少し宿題がほしい」と言い出していま す。

勉強がついていけない子どもは、あせらず気長に心を育てながら、一歩一歩進むことです。ふたりとも、自分が本当にできるところから、確実に積み重ねてきていますから、そのうち実際の学年相当のレベルに追いつけると思います。そうすれば、学校生活も問題が少なくなるでしょう。

お兄ちゃんふたりが教室に来ているので、最近は、年中の一番下の子も通ってくるようになりました。小さい弟に負けるわけにいかない……と、お兄ちゃんたちにとっても、いい刺激になります。

元気な学びの小学生たち

この教室でもっとも多い小学生たちは、実に明るく元気にやって来ます。一人ひとり自分の時間にやってきて、終わったらそれぞれ帰って行きます。学習は一人ひとりのメニューで用意され、無理なくできるように設定されています。

3年生でも1年生の基礎をする子、学年レベルの学習をする子、4年生・5年生のレベルをする子、中には、中学レベルに達している子、2教科を学ぶ子、英語もする3教科の子……と様々なケースがあります。

5・6年生にもなると、優秀な生徒は3教科とも中学レベルの学習に進んでいたり、中には得意になった教科は、高校レベルの学習を難なくこなしていたりします。

幼児期から、または1年生頃から続けている生徒たちはもう学習習慣が身につき、大半の生徒たちは自分の問題としてこなすことができています。そんな生徒たちには、勉強を続けることの大きな意味を実感させられます。

このようにうまく続けてきている子の親は、もう私たちを信じてくださっていて、子どもを認めることができています。

これまでにお母さんと何度も話し合い、理解し合って、子どもと関わってきているからです。お母さんが成長されているのです。子育ては客観性のある捉え方がないと、どうしてもうまくできません。

今では、多くのお母さんが働いています。だからこそ、親子の接点をよいものにしないとうまくいきません。お母さんの大変さはよくわかります。

私は時に、お母さんのしんどさをお聞きしてみることがあります。私も夜遅くまで働きながら育てましたので、共感できることがいっぱいあります。

「お母さん、お仕事から帰ったら、真っ先に〝宿題したの？〟って聞きませんか？」

「〝なぜまだしてないの？〟〝早くしなさい！〟って言いませんか？」と聞くと、

「そうです、腹が立ちます。私だって疲れているのに」と答えるお母さん。

「でもね、子どもはお母さんを心待ちにしているのに、いつもそれを言われるんですよね。子どもの身になってみてください、お母さんが大好きなんですよね」

「〝さあ、お母さんは急いで晩御飯の支度をするから、急いで宿題すませてね。よーいドン〟とでも言えばすむのではないかな？」

などと言って、お母さんの愚痴も聞いてあげたりしました。その後、親子が変わりました。

子どもの心が、なかなかわからないで苦しむお母さんもいます。３人の子を持つ親は、子どもそれぞれの立場で思いが違うことを理解できません。ひとりでも、ふたりでもそうかも知れません。

子どもは皆、自分にとってお母さんが一番なのです。兄弟の中で自分が一番でなくてはならないのです。そんなこともお母さんに話してみると、問題が解決することが多いです。

とても素敵な親子がいます。お母さんが穏やかな人で、姉弟ふたりが幼児期から教室で学んでいます。家では本の読み聞かせを毎日しておられ、私たちを信頼してまかせてくださいました。早い時期に宿題の時間を決めて習慣をつけ、子どもたちは、これまでまったく変わらず学習を続けています。

すでに姉は中２、弟は小６と成長し、素晴らしい学習の進歩をしています。

お母さんは「私はもう何も言いません。全部自分たちでしていますから」とのこと。「私が見ても、まったく及ばないほど難しいことをしていますね。かないません」と笑っています。

あせらずに、親もしっかり学びましょう

「ウチの子、勉強ついていけそうもない……」

「担任の先生と合わないみたい」

「学校に行きたがらないんだけど、イジメられてる？」

小学校に入って、子どもがつまずいてしまったことに気づくと、何とかしなければ……と、親はあせってしまいます。

幼児期に、生活や学習の基礎が充分に築かれなかった子どもは、勉強にも環境にも適応できず、学校生活を楽しめなくなる例があります。

特に、子どもの「できないところ」「まずいところ」などのマイナスを指摘

する先生がいれば、なおさらです。親も、マイナスのところを埋めなければ……と苦しみ、埋まるどころか、マイナスがよけいふくらんでしまって、親子がぶつかることが多くなります。

私は、そういう親子こそ救ってやらねばと思うのです。

どうしていいかわからないまま、家でも学校でも叱られて、勉強も学校も嫌いになってしまった子どもたち……。そんな子どもたちをたくさん見てきました。

まずお母さんの苦しみを受け止め、その子には基礎から学ばせ、認めながら、たくさんほめて、できること、わかることが楽しいということを少しずつ身につけさせ、救い上げます。

そうすれば、マイナスは遅かれ早かれ埋まってきます。

お母さんたちも、叱ってしまう前に、親として子どもをどう伸ばしていくのか考えて努力しましょう。

自分の〝思いだけの子育て〟は卒業し、親として謙虚に学んでみてください。子育てについての本をたくさん読むのもよいでしょう。子どもの相談所に相談してみるのもよいでしょう。講演会やイベントなどがあれば参加してみたりして、親が変わることです。

ピピっとくるものがあれば、心の触手を伸ばすことです。何かをつかもうとすることで、よい解決が見えてきます。

子どもを塾に預けてお金を出したら、何とかしてくれるだろう……というわけにはいきません。

親が、自分の子どものために真剣に考えて、よい解決策をつかむ努力をしてください。

マイナス言葉で子どもの「やりたい」を邪魔しない

学校の勉強についていけなくて教室に入室してきた子には、やさしいところからやってもらいます。それこそ、線1本書いただけで「できたね！」と言ってやらないと、先へ進めない。次へ取り組めない……ということがあるからです。

まずは、この子が本当にできているのはどこで、できていないのはどこか、ということを把握する必要があります。どこでつまずいてしまったかを見極めないといけません。

子どもによっては、線を書いたり、ひらがなや数字を覚えたりという本当に初歩からやる必要があることも少なくありません。それは、何年生の子であろうと変わりはないのです。

近くに座っている幼児が、自分の子と同じ教材をどんどんやっているのを見て、中には、少々不満そうな表情をするお母さんもいます。

「お母さん、ここからするのがよいことなんですよ」と伝えて、基礎の大切さをわかってもらいます。

できたら大きなマルをつけて、「できたね。よく書けてるね」とほめてあげる。小学生も一緒です。

とにかく、幼児だろうが、小学校に上がっていようが、できることをほめながら伸ばしてあげないと……。一歩一歩積み重ねていかないとできないのです。

そうでしょう？　学校の宿題ができないからと言って、まだちゃんと覚えてもいないひらがなをいっぺんに書きなさい、と言っても無理。できるように、優しく導いてやることです。

子どもは手ごたえを感じられるようになれば、イヤがらなくなります。くれぐれもマイナスのことを言って、子どもの〝やりたい〟をジャマしないように。「それでは、学校の宿題ができないじゃない」という声が聞こえてきそうですね。

こんなとき、お母さんには、子どもに無理な宿題をさせないほうがよいことを伝え、「学校の先生にしっかり事情を話してわかってもらいましょう」と言います。「この教室で、この子に合ったところから積み上げて、追いつくようにしましょうね」と。先生も、きっとわかってくださいます。

こうして、ようやく解決の道が出てくるのです。

できるところからやれば、学習に向かうこともイヤではなく、必ず伸びていきます。そして目標は、今の学年よりも1年上、2年上とレベル高く実力をつけていくことです。それを1～2年間で達成する子、3年以上かかる子……それぞれですが。

学校でなく、子どものレベルに意識を向ける

親は、子どもが学校でうまくできるかどうかが一番気になります。当然のことですが、学校のテストの点数に一喜一憂しないことです。実力を正しく知って、得意な教科、力の足りない教科をどう伸ばすかを考えることです。

いったい誰のための勉強ですか？

そう、子どものための勉強ですね。それなら、学校に合わせるのではなく、その子のレベルに合わせて伸ばしていくことが大事です。優秀な子はさらに先へ、そうでない子はその子に合わせて。

すでに力をつけて高いレベルの学習に進んでいる多くの生徒たちは、学校での勉強は復習のようにわかり、何の問題もなくできています。学校の勉強も、テストも困ることはありません。

この教室で先に伸びている生徒たちは、中学へ行っても、高校へ行っても、

ますます実力の高さを実感していくことになります。だからこそ、学校の成績には、プライドも持っています。このように伸びていくことを私たちは予測して、小学生時代から伸ばしているのです。

小学生で学年レベルに達していない生徒には、いったいどこまでができ、どこからできていないかを見極めて、わかるところから力をつけないと解決しません。

そして、やさしい基礎から出発しても、学校の勉強が自分で理解でき、対応できるには、私たちはどのように取り組んでもらい、いつ頃到達できるか目安を立てて挑戦してもらいます。

多くの場合、その気で取り組み始めると、意外と早く学校に対応し始めるものです。これが不思議と言えます。まだ学年より1年低いレベルに達しているだけでも、学校の勉強がわかり出すことが多いのです。

それは、子ども自身ができるところを学習することによって、心が肯定的になるからと考えられますし、お母さんが心配から解放されるからだと思います。学習には、心の問題が大きく関わっているのがわかります。

お母さん、これから先は長いですよ。

その子のレベルが学校のレベルにどこで追いつくかは、子ども一人ひとりで違います。追いついたら、いくらでも追い越していくことができるのです。だから今は、下から確実に積み上げていくことが大事なのです。

低学年のうちはまだ、勉強ができる・できないということに神経質になることもありません。まずは、楽しく学校に行けるというのが何よりのことだと思います。

そして、着実な学習習慣を身につけて、よい学習を続けること。毎日少しずつ積み上げる学習は、気がつけば破格な力となるのです。

第5章
中学受験に心が動く親子

最近は中高一貫に親の心が動く

小学校高学年になって学力が伸びた生徒の中には、友だちとの関係や親の思いに動かされて、中学受験をしたくなる子が出てきます。実際はそれよりも早い時期、低学年のときから、親が受験を期待して、そのための予備学習のように私たちの教室へ通わせている親もいます。

やっと２・３年生で１・２学年上のレベルの学習に進んだところで、中学受験向けの塾へ移らせようとする親、３年生以上になると、学校や近所の子ども、親同士の情報から、親子で挑戦しようと意気込むケースが出てきます。

今や都市部では公立・私立の中高一貫校が増え、別に大学付属中学の受験もありますが、そのためには受験塾へ行かないと受からないと皆さん思っているようです。これには、勉強の本来あるべき姿を忘れてしまう危なさを感じています。

勉強しようという意欲を持つこと、よい学校へ行って学びたいということはよいことなのですが、まだ小学生の子どもを勉強の出来で競わす受験塾のあり方は賛成できません。

小学校の4・5年生から、一週間ビッシリ夜遅くまで大量の勉強に追われ、テストのたびに点数と順位が発表され、席順まで変えられるという過酷なレースも耳にします。残酷にも思えます。勝ち組は誇らしいでしょうが。

小学生はまだまだ着実な、無理のない学びで、バランスのよい人間作りを考えて勉強させてほしいものです。

私たちの教室の優れた教材での学習で、無理なく高いレベルの力をつけた生徒を見れば、中学受験は受験校の問題集を解いて自分で学んで対応できますし、これまでもかなりの生徒たちが合格しています。しかも、合格してから先、中学・高校も上位で推移しています。

合格が難しい場合でも、〝その経験をプラスにする〟と、初めから承知して挑戦させてください。

小学生の親には、「長い目で子育てを考えてやってください」と話します。

本当に受験で勝負するのは高校・大学受験なのです。

中学生になったら、反抗期にもなり、心が自立してきて親の言う通りには行かなくなります。そこから自分で勝負していく子にならなくてはいけません。

そのとき、どう育っているかが大事なのです。

受験戦争に敗れた自分が認められない……

受験というものに翻弄されてしまった女の子がいます。

幼稚園年長のときから、私たちの教室に通っていたマユちゃんは、心やさしい女の子。能力は普通でしたが、何ごとも素直にやれる子で、4年生のときには5年生レベルの力まで伸びてきていました。

教室も大好きで欠かさず来ていたし、本当にうまく行っていたのですが……。

ひとり娘のマユちゃんが「受験したい」と言い出したのは、4年生の頃。親も周囲も喜んで、経済的に余裕があるわけではなかったけれど、家族がサポートするからと受験塾に行き始めたのです。

彼女に中学受験はちょっと過酷なのでは……と思い、親にも本人にも何度も聞いてみました。でも、親は大乗り気だし、本人も「おじいちゃん、おばあちゃんも喜んでくれているから、私せいいっぱいがんばるわ」と、やる気満々でした。

教室もやめたくないので、英語だけは続けると言っていたのですが、塾の勉強が夜遅くまであり、土日はテスト、夜寝る間も削って勉強している状態で、結局５年生でこの教室をやめざるを得なくなっていました。

その頃には、ストレスのせいか髪が抜けてしまうという悲惨さ……。顔にも生気がなくなり、表情もうつろになっていました。

結局、どうしても行きたかった第一志望には入れず、第二志望に決まりました。それでも充分に素晴らしいのに、彼女はまったく満足できない様子でした。「もっとがんばらなければいけなかった……」と、マユちゃんは自分のことを認められなくなってしまいました。真面目ないい子なだけに、ずっと自分を責め続けているのです。

私たちの教室に戻って、自分のペースで勉強を続けてほしいけれど、受験塾は「高校受験でがんばろう！」と、けしかける。本人も「名誉挽回は、それしかないんです」と、受験の呪縛から解き放たれそうもありません。

このままでは、マユちゃんがボロボロになってしまいそうで、本当にツラかったです。

そして、私たちの教室の学習の意味、つまり中学受験という目先の成果でなく、さらに先の着実な成果を目指して、健全に能力を伸ばすということを、もっともっとしっかり理解してもらうべきだったと反省しています。

勉強に厳しい家族に育てられて

「お母さん。ヤスくんを、もう解放してあげて。学校へ行けているだけでもいいじゃないですか」

私がそう言うと、ヤスくんのお母さんはポツリとひと言つぶやいたきり、ただ涙を流すのでした。

「私、ツラいんです……」

この親子の心のバランスの乱れは、彼がウチの教室に初めてやってきたときには、すでに始まっていた気がします。

小学校4年生のときに、東京から引っ越してきたヤスくん。シングルマザーになったお母さんと、その実家で暮らすためにお母さんの故郷に戻って来たのです。

「勉強はよくできる子です」

と言って、お母さんが教室に連れてきたのですが、彼女自身、受験勉強で戦った経験や価値観が捨てられないように見受けられました。

「私が、この子を立派に育てるんです。優秀な子に育てますから」

と言い、県内有数の進学校に入れたがっていました。まるで、別居している父親に対抗するかのように……。

「この子に、どんどん難しい問題をやらせてください。どんどん進めてくださ い」

私たちも、いつも尻を叩かれるような感じでした。

実際、ヤスくんはそれなりに優秀な子だったのですが、お母さんがいつもプラスαの要求を出すので、ちゃんと腰をすえてやれていないようでした。

1年ほどして、ヤスくんは厳しいと評判の受験塾に通い始めたのです。私たちの教室はやめたくないと言うので、「しばらく休会」ということになりました。

お母さんはエンジン全開でやらせていて、それはもう悲愴な覚悟で臨んでいるように見えました。実家の両親も勉強に厳しいことが、彼女の熱の入れ方に拍車をかけていたようです。

受験直前には、お母さんが鉢巻きをして教室に来て、「先生、ここにメッセージを書いてください」と言ってきました。本人が体調をくずして弱気になっているから……ということでしたが、お母さんのその姿にギョッとさせられました。

結局、目標だった中学には行けず、第二志望に受かったのですが、本人は「最悪。そんなところに行っても何の意味もない」と吐き捨てるだけでした。

この受験をきっかけに、ヤスくんの母親に対する反発が一挙に噴き出しました。ちょうど反抗期でもあり、家に帰ってこないことも多くなりました。

教室入り口の前で帰りを待っていたお母さんと、久しぶりにやって来たヤスくんが大ゲンカ。怒鳴り合い泣きじゃくりながら修羅場を展開したことも……。そんなときにお母さんがこぼしたのが、「私、ツラい……」のひと言だったのです。

そうなってからの親と子の心のバランスをうまくとるのは、難しいものです。ヤスくんの場合は、親の思いだけが先行したというアンバランスさが、親子関係に狂いを生じさせてしまったようです。

子どもを下から支える親になる

多くの親が子どもには上から目線で相対し、「がんばれ」と鼓舞しながら、何とか上へ引っ張り上げようとしがちです。

子どもの気持ちなど考えもせず、子どもを高いところへ上げようと躍起になります。

特に勉強や学力にプライドを持っている親ほど、その思いが強く、人の意見がほとんど耳に入らなくなります。前項のヤスくんの例も、まさにこのケースだったと言えましょう。

本当に子を思う親なら、子どもを上から引っ張り上げるのではなく、子どもの気持ちを下から支えてあげる思いを常に持っていてほしいのです。

そのためには、親としていったいどうすればよいのでしょう。

まず、次の３つを思い浮かべてみてください。

・子どものよいところ
・うまくできているところ
・がんばっているところ

紙に書くのもいいですね。あなたは、いくつ思い出せますか？

お母さんたちの多くは、子どもの悪いところならたくさん見つけられると言います。それがいつも頭にあるようですが、それこそ上から目線です。

よいところが思い浮かんだら、それをちゃんと認めてあげましょう。そして、言葉にしてください。

「○○○がちゃんとできているね」

「あなたのいいところは○○○○だね」

「自分で考えてやってね。お母さんは応援するよ」

子どもを認める、この3つの言葉のうちのどれかひとつからでもいいので、必ず言ってみてください。

子どもは、素直になれます。そして、やる気がわいてくるはずです。

この3つの言葉がけに加えて、「あなたは大丈夫！」「あなたはいい子よ」「大好きよ」といつも言ってあげるようにしましょう。一番よい言葉は「お母さん、うれしいわ」です。

その上で、直したほうがよいと思うことは、「○○○を直せば、もっとよくなるね」という言い方をすれば、素直に直すかもしれませんし、お母さん自身がその子の欠点を気にしなくなれば、関係性がずっとよくなるでしょう。

子どもの気持ちは、上から引っ張り上げられるよりも、限りなく高いところまで高められるはずです。

どうしても叱らなければいけないことは、はっきり、強く、短く叱ってやってください。感情的にならないようにくれぐれも気をつけて。そうしないと、子どもも親を常に否定的に評価するようになりますから。

第6章
思春期《ししゅんき》がやって来る！
～中高生の子どもとの関わり方～

中学1年生は問題の多い年頃

中学校に入ると子どもたちの環境は激変し、これまでに体験したことのない無理難題が、その身体に次々と襲いかかってきます。

慣れ親しんできた小学校とは、様子が一変……新しい友人や仲間に囲まれてドキドキし、中学校の先生たちには畏怖の念を抱き、部活の先輩という未経験の人間関係も出現して、希望や期待以上に、プレッシャーが大きくふくらんでいきます。

中でも、特に大きくプレッシャーを与えるのが、勉強です。高校進学も念頭に入れた勉強は、小学校の基本重視から点数や順位を競うものへと質が変わり、子どもには破格に大きく、重くのしかかってくることになります。

小さくて可愛かった小学生は、このようにいろいろな要因に怖れを抱きながら、中学校生活に適応していかないといけません。それだけに、さまざまな問題が起きやすくなります。ですから、特に中学1年生は要注意なのです。

また、人によってはプレッシャーに負けたり、新生活の忙しさについていけなくなったり、通学や部活の体力的な負担で傷ついたりして、勉強に向かっていけなくなる子も出てきます。

その上、さらに重しをのせるかのように、「中学生になったのだからがんばろう」とか「成績上げないと、高校に入れないよ」などと言ってしまう親が少なくありません。

それでなくても、学校から成績のことを指摘されます。環境が変わり、これまでのペースでは勉強がこなせない生徒も多い状況の中で、親からのプレッシャーは反発を招くだけです。

子どもは、新しい生活に何とか順応していこうと、必死です。

今は、子どもにとってとても大変な時期なのだと、そっとしておいてあげましょう。せめて夏くらいまでは、子どもを大目に見てやるくらいの気持ちでいてください。

中学校という環境に慣れてきて、部活も落ち着いてくれば、きっと新しい展開が見えてくるはずです。

子どもの苦しさを受け止めて

教室に通う子どもたちの中にも、いつも何人か中学1年生がいます。

私たち先生陣は、そんな子たちが中学入学とともに、なかなか宿題をやって来られなくなっても、大目に見てやろうと決めています。

「大変だよね。宿題をやって来られなくても、教室へ来るだけで大丈夫よ」

そう、声をかけます。

お母さんたちも、子どもの状況をちゃんとわかって、受け止めてやる必要があります。


こんなときくらいは、勉強のことは、ちょっと置いといてやりませんか。勉強のことは手離さない程度に過ごせればよいのではないでしょうか。

親があれこれ口を出すのは逆効果です。ここで、親子がぶつかったりすると、学校へ行けなくなることもあります。

登校拒否が多いのも、この時期なのです。

反抗期は自立するためにある

子どもが勉強しなくなったり、成績が悪くなったりすると、親はどうしても口を出したくなります。問い詰めたり、叱ったり、励ましたり……。いろいろなことを言って、何とかしようとします。

けれども、親が干渉するほど子どもは反発します。

子どもは今、まさに反抗期を迎えているのです。この反抗期は、親から離れる時期であり、心の状態も微妙で難しい思春期でもあります。

この時期をどう通り過ぎるか、乗り越えるか。それが、一番の問題です。特に、子どもの心がもっとも大変な時期ですが、子どもが自分自身で乗り越えるしかないのです。

親ができることは、子どものしんどさを察してあげることくらいです。声をかけなくても、表情を見ていればわかることです。何も言わずに、「大変なんだな」と、心でそっと受け止めてやればいいのです。

もしも何かしたいと思うなら、「どうぞ」と、おいしいものでも出してあげるくらいで充分。「何がツラいの?」と聞きたくても、子どもは絶対に答えませんから。特に、親には一切言いたくないのです。それが、反抗期です。


教室の生徒で、そんな時期を迎えている子ども、特にあまりしゃべらない子には、私たちもあれこれ聞くことはありません。

でも子どもが言いたいときは、いつでも言えるし、聞いてあげる用意はあります。親には言えないことでも、第三者である私たちには、ついツラさをもらしたくなることもあるのでしょう。

そんなときは、こちらからはどうのこうのと言わず、ただひたすら聞いてあげます。心のモヤモヤのはけ口として、静かに受け止めてやるだけです。

こういうはけ口があるのは、子どもにとっては安心なことだと思います。ただし、それは、決して親ではありません。学校の先生や友だちでもあり得ません。

例えば、私たちのような教室の先生とか、昔から気心の知れたおじさん、習いごとの先生、スポーツのコーチ……第三者として話を聞いてやれる大人がいるといいかもしれません。


教室の子どもたちを見ても、中学2年生、3年生になって落ち着いてくることがよくあります。そして、自分のペースで勉強を続けるようになります。自分から高校に向けて進んで行こうという気持ちが育ってくるのです。

そういうふうに、健全に行けるところへ行くのに、誰にでも多かれ少なかれ関門があるものです。この時期は、その最初の関門なのかもしれません。

反抗期というのは、子どもの自立のためにあるものなのです。それを、ちゃんと理解してあげてください。

親が黙ったら、成績が伸びた？

「先生、この子を何とかやらせてやってください」

ふたりそろって必死というか、切羽つまった顔をして、子どもを教室に引っ張って来たのは、ジュンくんのお父さんとお母さんです。

ジュンくんは、当時中学2年生。もうすぐ3年生になるというときでしたが、その憮然とした表情を見れば、本人はイヤイヤ来たことが一目瞭然でした。

学力を見るために簡単なテストをしてみたら、学習習得能力がないわけではないけれど、押さえるべきところがちゃんと押さえられていない。小学校で習う大事なところがちゃんとできていないために、中学校で勉強のレベルが上がったとたんに、わからなくなってしまったようでした。

「このままでは、大変なことに……」

「高校へ行けないようでは困る」

両親は必死すぎて、ジュンくんがしゃべるスキを与えてくれないほどでした。

私は「この子と話させてもらえますか？」と断り、両親には待っていてもらって、ジュンくんとふたりで話しました。

「小学校のここのところをやらないと、どうしても中学校の勉強がわからない。あなたは能力を持っているから、やればできる。難しいことなどやらなくていい。このやさしいところができれば、難しいこともわかるようになるはず。急にはできるようにならないけれど、前を向いて進んでみる？」

そんな話をしたと思います。そして、最後にこう加えました。

「あなたのほかにも、ここからスタートして、あっという間に中3レベルになって、志望校に合格した生徒もいるのよ。しかもその高校で、いきなり成績上位に入ったの」

それを聞いたジュンくんは、うれしそうに笑ったのです。

「お父さんたちに言われてやるのもイヤだよね。私から、ふたりに何も言わないように伝えるから、自分でここに通ってみる？」

そして教材を見せ、「とにかく来てみてから決めてもいいから」ということで、次から、ジュンくんひとりで来るようになりました。

本人に言った通り、両親には、しばらくの間はジュンくんにうるさいことを言わないことを守ってもらいました。

教室に通い始めてすぐに、本人の様子がガラリと変わりました。特にイヤがるふうではなく、教室ではむしろ、どんどん自分から進んで勉強をしています。親が黙れば、子どもは自分からちゃんと動くのです。

3年生になってから、成績もぐんと伸び始めました。間に合わないかもしれないと言っていた高校受験もうまくいき、希望していた高校に入ることができました。入学するなり、学年5位の成績を上げたそうです。私が彼に話した事例の生徒と同じようになったのです。

誰よりも驚いたのは、ジュンくんの両親でした。

「先生、本当にありがとうございました」

と、涙を流していました。

ジュンくんを連れて教室に駆け込んできたときには、両親そろって自分を見失っていたようです。あせりしかなかったのですね。

でも、ジュンくんが自らやる気になって取り組んだら、予想以上の結果がついてきました。その後、大学も希望通りに公立の工科大学へ進学しました。

子どもを本当に伸ばすのは、親の思いなどではなく、自分で伸びようとする子どもの本気しかないのです。

高校生は、関わらない関わり方で

高校生になったら、もう親の出る幕はないと思ったほうがよいでしょう。

中学生に比べて精神的にずっと大人ですし、何でも自分の問題として、どんどんやっていけばいいのです。

特に高校の勉強や大学受験のことを、親がまだうるさく口を出しているようでは、子離れしていない親と思われても仕方がありません。子どものほうが、まず受けつけないとは思いますが……。

私たちの教室でも、生徒が高校生になると、親の懇談はほとんどしなくなります。子ども自身の問題ですから、生徒と、私や先生たちだけで話をします。

それで充分です。

ですから、高校生の子どもに対しては、親は「何もしません」というのが正解だと私は考えています。

むしろ、親の関わりはないほうがいい。「関わらない関わり方」を考えてみるのも、大事な親の関わり方のひとつですし、子どもの高校進学は、そのいいきっかけになるのではないでしょうか。

最近では、いっぱしの大人の就活や婚活まで親が関わってくるという話を時々耳にしますが、こんなのは論外ですよね。

自分の問題は、自分の問題として取り組んでいかなかったら、社会人にはなれません。


教室に来ている高校生のお母さんたちは、「子どもに何を言っても聞かないから、もうあきらめました……」と、よく口にしています。

それでいいのです。そんな子どもたちは、思春期も乗り越えて、高校卒業までずっと教室通いを続けています。自分の意思でやっていますから、目先の受験などにペースを乱されることなく、どんどん勉強も進んでいます。

これまでに蓄えてきた学習の力は、後に健全な成長と受験での成果となって花開きます。

これこそ「思春期の学習貯金」の大きさだと思っています。

自分でやる気になって、毎日少しずつトレーニングのように取り組んできた学習貯金は、中学校から高校へ進んだ頃から生きてきます。

この貯金は、あとからぐんと大きくなって手元に返ってくるのです。その大きさは、初めのうちは気づきにくいことも多いのですが、途中で投げ出さずに続けることで、自分で思う以上にどんどん大きくなっているものです。

明るい親子関係で、こんなにうまくいく

教室に通っていた生徒の中には、学習貯金をしっかり蓄えて、名門大学に行った子が何人もいます。

その中のひとり、ヒロくんは、３歳のときから教室に来ていました。普通に

線書きやパズルなど幼児用の教材から始めていきましたが、特別に優秀ということはありませんでした。

初めはとんとん拍子で進んだわけではありません。ただ、学習は「やるもんだ」と、あたりまえのこととして心のベースがちゃんとできていたというか、勉強することに抵抗がなく楽しそうでした。

気がつけば、何でも自分で計画を立てて進めるようになっていました。

「自分でどんどんやって、ウチの子すごいですね。私は、とてもかないません」と、お母さんはいつもあっけらかんとしていました。

あせったり、気をもんだりすることもなく、その分、ああしろ、こうしろと子どもに口うるさく言うこともないようでした。

ヒロくんは中学生になってくると、レベルが違ってきました。優秀生になってきたのです。中高一貫校に入学しましたが、いつもトップクラスに入るようになっていました。

「あの子は、私より何倍もしっかりしています。だから、私は何も言えません。お母さんしっかりしなさいって、私のほうが言われています」

と、お母さんが言っていました。

子どもが親にそんな言い方ができる親子の関係は、最高なのではないかしら。そして、それを親が受け入れているのも素敵です。

人並みに反発した時期もあったようですが、教室も先生も大好きで、絶対にやめないと宣言していました。友だちを教室に誘って連れてきたこともあります。

「この子が東京の大学に行ったら、私も遊びに行けるわ～」

と、ウキウキと話していたお母さん。

親子関係には、この気楽な感じが絶妙なバランスを保ってくれるのかもしれません。あせってピリピリ神経質になったり、肩の力が入りすぎたりしていると、どんどん前のめりになって、つい子どもに関わり過ぎてしまうのではないでしょうか。

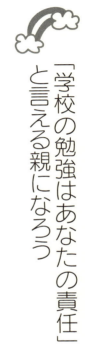

「学校の勉強はあなたの責任」と言える親になろう

親として、子どもの勉強が気にかかるのは当然のこと。中高生になると受験も視野に入って、ますます責任を感じるでしょう。特に点数が悪かったりすると、塾に通わせたりして学習環境を整えたくなる気持ちもわかります。

でも、学ぶのは本人です。本人の問題であることを忘れないでください。今、学校で点数が取れなくても、この先もっと学力が高くなれば問題ないのです。よい学習に取り組む姿勢ができることが大事なのです。

昔から、こんなことが多く見受けられました。

小学生の熱心な親は、子どもの学校の成績がよいように、教科書の内容を子どもにしっかりわからせ、テストでよい点を取るべく一緒に関わっていました。100点を取るよくできる子だと周りも見ていたのですが、中学生になって勉強が難しくなる。そのショックもあり、親からは発破をかけられ、反抗期と中学のしんどさも重なって行き詰る。そこへ、思いもしなかった子がスイスイと頭角を現す――

そうです。学校の勉強はできてほしい。でも、見えない学力というものがあるのです。私たちはその元の学力、能力を育てているのです。中学で部活をして、勉強時間がたっぷりとれなくても、短時間で集中的に理解し、対応していける能力を早くから継続的につけていけば、一番勝負すべき高校で、ハタと気がつくと、高い能力が身についているのです。

すでに高い理解力を身につけた生徒には、学校の勉強はやさしく理解できるはずなので、私は「学校の勉強は自分で責任を持ちなさい」と言っています。

以前、中学生・高校生で長年学習を続けている優秀な生徒たちに、インタビューをしたことがありました。

「この学習をどうやってここまで続けてきましたか？」「なぜ、最終レベルまで達成しようと思いましたか？」という質問でした。

中1の女子Aさん
・小学1年生からしています。国語が好きで、読む力がついて、読むのが早く、大事なことがほとんど読み取れます。
・この教室の先生とは勉強だけでなく、楽しい話やコミュニケーションがとれるからうれしい。
・続けていると、しっかり身につくことがわかったから、3教科とも最終教材達成を目指します。

中2男子B君
・国語と数学は特に学校でもよくわかるから、テストもできる。
・特につらいと思ったことがなく、6年生で中3レベルの教材をしていたとき、「自分のためになるからがんばろう」と思った。
・途中で終わりたくないから、最終教材までがんばろうと思った。
・やりたくてするから、無理せずがんばったらよい。

中3男子C君

・続けてきてわかったことは、中学の勉強が簡単にわかるということ。この勉強をしていなかったら難しかったに違いない、とわかった。
・高いレベルの内容や単元がすごくよくわかるのが楽しい。授業やテストでも、よい発表や意見が浮かぶのがうれしい。最終教材までするぞ！

高１の女子３名
・高校の授業の理解度が高いことが一番大きい。その分、発展的内容に取り組める。
・学校より楽しく勉強できる場所。わからないことも気軽に聞ける。
・しっかり学習を進めようと自覚したのは小学校高学年あたりから。
・小さいときは感じなかったけれど、「継続は力なり」だとわかる。
この教室に学んで、中学生・高校生になってこのように成長した生徒たち。
信じて続けてきたからこそ言えることなのです。

第7章

子どもの学び、親の学び

子育てのプロなんていない

子育てをしていると、何かと不安になることが多いものです。ふたりめ、3人めの子であったとしても、初めての経験なのです。子育てのプロなんていないのです。

それなら、いい子育てを学ぶ必要があります。不安をひとりで抱え込んで孤立してしまうのは避けるべきです。でも、友人や、いわゆるママ友などとのつきあいは、いい学びになるかというとそうとも限りません。

その時々の一時的な風潮や、たまたまもてはやされている子育て論などに飛びついて流されてしまうことも少なくないからです。そんな中で自分を見失ってしまうと、子どもにも悪影響を及ぼしかねません。

子どもは何とか育つもの……と思い込んでいる人もいますが、確かに育つには育っても、いい育ちができるかどうかはわかりません。その子が持っている本当の可能性の芽が、大きく健全にちゃんと伸びたかどうかはわかりにくいものですから。

すでにお伝えしたことですが、子育ては家庭の最大のプロジェクトです。ひとりの人間の人生を作り上げるのですから、これほど大きな仕事、大事な仕事は、ほかにないと言っても過言ではないでしょう。

ひとりの子どもを育てることは、積み重ねていけば、国を作ることでもあります。つまり教育は、国のプロジェクトでもあるのです。

私は、子育てに関する本や心理学の本、カウンセリングの本などを読みあさり、講演会やセミナーなどにもできる限り参加して勉強しました。

特に、アメリカのトーマス・ゴードン博士の『親業』という本に非常に感銘を受けて、その理論や実践法などをいろいろ学びました。

ぜひあなたも、自分が心を動かされる本があれば、謙虚に学んでいってください。書店に行けば、参考になる本がたくさん並んでいます。私も時間があると、書店の棚を眺めて、いろいろな本を手に取ります。最近では、ＰＨＰの子育てシリーズの本などもよく見ています。

お母さんも、いつも学ぶ姿勢を忘れず、心に響くものを常に模索する人であってほしいと思います。

子どもに学んでほしいなら、お母さんも学ばないといけませんよね。

子育ては思い通りにならないもの

子どもが生まれたら、可愛い、可愛い……と、ペットのように喜び、可愛がる親がいます。たっぷり愛情を注いでいるのはうれしいことですが、子育てのツラさも味わうことになります。

一方で、仕方なく育てているとしか思えない親もいます。教室に来ている子の親の中にも、「この子ができたから、本当にしんどいんです」と言った親がいました。

そこまで言う？　とも思いましたが、教室に連れてきたのだから、何とかしたいという思いはあるのでしょう。

中には、「この子が好きになれません」という親もいました。子どもにとって、お母さんにそれを言われる以上に不幸せなことはありません。私は、絶句しました。

それもこれも、子育てがうまくいっていないからこそ、と思います。

でも、子育てなんて、そんなに思った通りにうまくいくものではありません。それが前提です。ペットのように子どもを可愛がる親も、すぐにそこにぶつかるはずです。


思い通りにならないと、子どもが悪い。だから、この子はダメ……ということにしてしまう。それはないですよね。

子どものせいにしないで、なぜそうなったのかに思い至ってほしいのです。思い通りにいかないことを想定内にしていないと、すぐにイライラしてしまいます。

思い通りにいかない、という意味では、「2歳反抗期」があります。思春期の反抗期とは別に、2～3歳で反抗的になることがあるのです。少しズレこんで4歳くらいに出る子もいますが、同じです。

これは自我の芽生えなのです。大事な脳の発達段階なのですが、これを心得ないと、可愛かった子どもが急に反抗的になったと、あせったり心配したりしがちです。

でも、ちゃんと学んで、想定内になっていれば、「反抗期キターッ」と、軽く受け止めることができます。

人間というのは、こんな順序で、こんなふうに発達する……ということをわかって育てることが大事なのです。わからないなら、いろいろ学んで知っておきましょう。

親は、よく「まだ歩けないなんて発達が遅い」「まだ話せないけれど、脳が発達していないのでは？」などということばかり気にして、心配します。

教室の子どものお母さんには、「話し出したら、どんどん話せるようになるから大丈夫」と言っていますが、発達の仕方もみんな同じではありません。もちろんある程度の流れというものはありますが、「はい、何歳で歩きます」「何歳になったら話します」と、ロボットのようにマニュアル通りに育つわけではありません。一喜一憂しないように……。

習いごとは将来の宝もの、とは言っても……

私は、お琴、オルガン・ピアノ、習字、絵……。子どもの頃、いろいろなことを習わせてもらいました。途中でやめたものもありますが、音楽はずっと身近にあったし、絵や習字など大人になってから、また始めたものもあります。音楽を聴けば「あ～、私の世界」と心から浸れるし、歌も絵も書も、趣味として続いています。

今になって思うのは、いろいろやらせてもらってよかった。親から素敵な宝ものをもらった、ということです。

そんなこと、子どものときにはまったく気づきませんでしたけれどね。でも、昔習っていたことが、私の中で何らかの形で、確かに跡を残していたようです。

ですから、子どもに習いごとをさせることは、大いに賛成です。ただ、今の子どもたちを見ていると、とにかく忙しそうなのが気がかりです。

中には、ピアノ、水泳、サッカー、英会話、それに、塾……。学校の部活まで入れたら、1週間びっしり埋まっているということも珍しくありません。

一度にこれほどたくさんのことをやるというのは、ちょっと無理があるのではないでしょうか。どれも中途半端になってしまいそうですし、何より、いつも何となく疲れている様子です。


学習の教室に通うとしたら、ほかに習いごとをひとつか、無理のないものをふたつくらいにして、余裕を持って習えるようにしたいですよね。

あるいは、高学年になったらこれをやる、中学校に入ったらそれをやる……というように、段階を分けるという方法もあるでしょう。

できれば、本人が本当に好きでやりたいことに絞るのが理想です。喜んでやれるものがいいのでしょうが、選択はなかなか難しいかもしれませんね。親がうまい選択をしてやることが求められます。

その際、どんなものを選択しようと、勉強は必要です。プロ野球選手を、オリンピック選手を、あるいはピアニストを目指すから、野球やスポーツ、ピアノだけやればいいというものではありません。

考える力、理解する力は、生きていくのに欠かせません。そういう力がないと、野球やピアノのテクニックはあっても、本当にいいプレーヤーになれるかは疑問です。

学生の間は、まず勉強はどうするか。その上で、無理なくバランスよく習いごとができる形をとってやってください。そして、本当に興味とやる気があるもの、本人に向いたものをやらせてあげるのがいいでしょう。

習いごとをさせるのは、心豊かな学びのためですよね。それなら、豊かなやり方をさせてあげたいものです。分単位、秒単位の毎日では、豊かにはなりません。

勉強を〝空気〟のような あたりまえのものに

私たちの教室には、勉強が習慣になっている子どもたちがたくさんいます。この習慣が身についてしまえば、子どもたちは否応なく伸びていきます。受験勉強に苦労することもほとんどありません。

それは、小さいときから通って来ていたり、勉強が好きだったりで、「教室には来るもんだ」と、生活の一部であり、当然のことになっているのです。教室や勉強がイヤだったら、そうはいきません。

がんばってほめられてきた記憶とそれをちゃんと続けることの意義が、脳に体によい形で刻まれて習慣づけられているのだと思います。


勉強を自分のものにさせるには、この習慣づけが必要です。これは、親や先生が、上から押しつけようとしてもできるものではありません。勉強をやったとしても、イヤイヤやるだけです。

基本的に自分で積み上げていくんだ、という気持ちを自分で持てないと、習慣にするのは難しいものです。自分からやる、やめたくない……という気持ちにならないと、楽しく続けられるものではありません。

自分でやる気になれば、空気を吸うようにあたりまえに勉強が続けられるようになるでしょう。

勉強を積み重ねていくことの価値観が持てるようになれば、環境が変わったり、何かにつまずくことがあったりしても、途中で投げ出すことはないでしょう。


子どもの成長の途上には、困難や誘惑などいろいろな障害物が待ち受けています。あっちを向いたり、こっちを向いたりしてしまうものです。そこに、いい意識を持たせて続けられるように育ててあげられるのは、親しかありません。

教室では、部活で疲れきっている子どもには、「しんどかったら言ってね。10分で帰ってもいいんだから、来るだけ来てね。ハイタッチだけして帰ってもいいから……」などと声をかけます。「次のときやればいいよ。お家でやるのもできるだけでいいからね」とも。

こんなふうにゆるやかに進むことがあってもいいのです。ずっと同じペースでなければいけない道理はない。学校の勉強、成績や受験のこと、部活、友人、親との関係、自分の夢、習いごと……いろいろなこととの調和をとりながら、とにかく投げ出さずに少しずつでもいいから、勉強を続けること。これが、一番大事です。

そして大変なときこそ、あせったり、叱咤したりするのではなく、そっと子どもを支えるお母さんでいてください。

16年間通って、この教室で育った？

「アミちゃん、もうすぐここも卒業だね」

「でも先生、3月末まで来るね」

この春、早稲田大学への推薦入学が決まっているアミちゃんは、私たちの教室でも、とても優秀な生徒のひとりです。

初めて教室にやって来たのは、彼女が2歳になる前。そんな小さなときから、何と16年もの間、ほとんど休むことなく教室に通い続けました。教室に来ることがあたりまえになっていて、ここが自分の生活の場所と思ってくれていたようです。

学習の進度も決して急ぐことなく、特に目立つことも求めず、素直に淡々と学んできたアミちゃんに確かさを感じたのは、小学5・6年生の頃。中高一貫の学校へ入学したときには、「この子は、どこの学校へ行っても心配なくやっていける」と思いました。

教室での学習は、そのときすでに数・国・英とも中学3年生かそれ以上のレベルを身につけていました。勉強の伸びも素晴らしいのですが、心の成長も強く感じられ、先生からも友人たちからも信頼されていました。その後、生徒会長なども務めていました。

アミちゃんのお父さん、お母さんは、私の教室の理念ややり方をよく理解した上で、子どもを入室させました。そして、私たち先生陣のことを信頼して、どんなときでもあせらず騒がず、いつも穏やかに、長い間彼女をまかせてくれました。

今思うと、これがどれだけ大きくて貴重なことだったか……。

親の心で子どもは育つ。そう私は思っています。アミちゃんは、まさにそんなふうに育っています。

これは、あたりまえのように見えて、実際にはなかなかできていないのではないでしょうか。

「この教室が楽しかったし、先生が大好きだから、一度もやめようなんて思わなかった。ここがあったから、私はここまでやってこられました！」

そんなふうに言ってくれたアミちゃん。きっと魅力的な大人の女性になってくれるでしょう。

そして、いつかご両親のような素敵な子育てをしてくださいね。

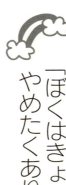

「ぼくはきょうしつをやめたくありません」

私たちの教室では、下は2歳の子から、上は50代まで幅広い年齢の人たちが学んでいますが、中には障害を持った生徒もいます。

現在30歳のヒデちゃんも、そんなひとり。ダウン症障害児の彼は、小学校2年生のとき、お父さんに連れられて教室にやって来ました。

よその教室ではとても扱いきれないからと断られて、ここにやって来たとか。

ひとりっ子の彼を、何とか学校でついていけるようにしたい、というお父さんの切実な思いが伝わってきました。

でも、ヒデちゃんは、なかなか椅子に座ろうとしません。ほかの子の机を叩いたり、席とは違う方向へ行ったり……勉強したくなかったのでしょうね。

担当になった先生が一生懸命なだめ、やさしく粘り強く愛情を込めて付き添いました。すると、少しずつ学習するようになり、幼児教材が進むようになったのです。もっとも床に寝てしまって起きない……という日も、時々ありましたが。

5年生になって、ようやく小学2年生程度の教材が理解できるようになってきましたが、両親はあせる一方。家でも毎日付き添って勉強させているものの、とても学校のレベルに追いつけない。いったんは、教室をやめさせようとしたのですが、本人がやめないと言うので続けさせたのです。

6年生になると、両親そろってやって来て、「このままだと中学校へ行けないので、ほかの方法を考えます」と言ってきました。

「先生、お父さんお母さんに、やめさせないように言って！」と、ヒデちゃん。次の教室の日に、彼は紙切れをそっと先生に手渡しました。そこにはこう書かれていました。

「せんせい、ぼくはきょうしつをやめたくありません。おとうさんおかあさんにいってください」

手紙が書けるとはとても思えないヒデちゃんが、必死で書いた手紙。ひらがなばかりの、決して上手とは言えない字で書かれたこの手紙を見て、先生は涙を流しました。そして両親に伝えました。ですが彼らの決意は変わらず、ヒデちゃんは2か月後に退会していきました。

それから約1年後――

父親と一緒に、再びヒデちゃんが教室にやって来ました。

「お父さん、もう勉強ができないといけないなんて言わないでくださいね」と言う先生に、「この子のためには、教室に来させてもらうだけでいいです。お願いします」と、お父さんは頭を下げました。

以後、ヒデちゃんは、休まず教室に通っています。でも、学習は小学2・3年レベルから一歩も進みません。むしろ、だんだん劣ってきています。

支援学級を出てから、障害者の作業所に通っています。教室へは〝勉強に来ている〟という誇りを持っているようです。

もう18年間も、この私たちの教室の生徒をしています。

「ヒデは認知症が進んできています。いつまでここに来られるかわかりません。実は25歳までも生きられるかどうか……と言われていたのです。よく生きてくれています。来られる間は、どうかよろしくお願いします」

最近お父さんから、こう言われました。

大勢の生徒たちと〝勉強している〟という思いが、彼の中で、どれほど大きな生きる意味を持っているのかを知りました。

これも、私たちの教室の〝学び〟のひとつの形かもしれません。

おわりに

トムソーヤみたいな子育て
〜子どもの可能性を開く〜

「あなたの人生が始まるのよ。私のための人生じゃないからね。だから、たくましくなろうね」

長男が生まれたとき、私は彼にこう言葉をかけました。

親は、子どもを独占したがります。でも、子どもは私のものじゃない。この子自身の人生なのだから、何でも自分でできることは自分でやる、ということを徹底させようと思いました。

生まれたばかりの頃から、たくさん話しかけ、音楽を聞かせ、本を読み聞かせました。2歳のときには読み聞かせた本をほとんど暗唱していました。

「これ読んで」とせがまれることがあまりに多く、そのうち私の感想や会話を加えながら読み聞かせを録音し、プレーヤーとともに渡していました。子どもは、自分で何度でも巻き戻しては聞いて……をくり返し、すぐに覚えて、楽しんでいました。

また、最初の言葉通り、たくましく育ってほしいと、小さいうちから体を鍛えました。3歳くらいから、私が自転車で伴走して走らせたりしました。

夫は、子どもと一緒に山に登り、海や川で泳がせ、船にも乗せて……いろいろなことをやらせました。そのかいあって、ひとりで自分のことができる子に育ちました。


祖母と街に買い物に出かけたとき、さっさとひとりで家に帰ってきたことがありました。中心街から、お菓子の詰まったおもちゃのステッキを下げて、たったひとりで……。1キロほどの道のりを歩いて帰ったのです。これには驚き、あわてました。

その後も、何度も私を出先に迎えに来たり、ひとりでいろいろなところへ遠征していました。その頃から、自宅の住所、電話番号、名前を書いたメモは、彼の必携品になりました。迷ったら、大人の人に保護してもらうように。

5歳になったときには、3歳の弟とふたりだけで飛行機で愛知の私の故郷へ。

その翌年には、水中翼船、新幹線、在来線を乗り継いで行きました。

「自分でやれることをやってごらん。冒険だよ。わからなかったら、どこででも人に聞きなさい。何かあったら、家に電話をしてきなさい」

私は、そう言って自分でさせていましたが、子どもはけっこうやれるものです。マーク・トウェインの『トムソーヤの冒険』よろしく、いろいろな冒険に挑戦していました。

自分がこんなことをしたいと思ったとき、どうすればよいか自分で考え、その方法がわかるようにしてやっておけば、発想が展開すると私は思いました。自分でやりたいという気持ちが、可能性をどんどん広げてくれることを信じて。


誰にでもそんなふうにしろとは言いません。私は、子どもに可能性を感じましたし、それなら、できるだけそれを開いてやりたいと思ったのです。

「あなた、子どもに何をさせてるの?」と、舅や姑には叱られましたけど……。

いつも長男について回っていた次男は、兄以上に可能性を広げていました。

中学1年のときには、「ちょっと九州行ってくる!」と、福岡の親せきに行き、そこを拠点にあちこち見聞に出かけたりしていました。

幼児期に身につけた学習力で、息子たちは自分で勉強するだろうと私は信じていました。

親は、子どもの最良のプロデューサーになる必要があります。「たくましく」という私のプロデュースが、一番よかったかどうかはわかりません。

ただ、子どもができたら、「こんな大人になってほしい」というのを見据えて、その上で、今を見ていってほしいのです。多くの親たちが初めての子育てで余裕がなく、今しか見ていないことが多いのが気になります。

基本的に人間がどうあったらいいのか、というのを踏まえて育てていきましょう。そのためには、それなりの基礎能力、つまり「知力・能力・学力・体力」をつけた上で、何をするかを考えていかないといけません。

自分の子どもを育てた経験で、多くのことを学びました。母親としての思い、苦しみ、苛立ち、反省、喜びなどを味わいながらつかんだこと。また、数多くの様々な生徒に関わり、育て、つかんできたこと……お母さま方にお伝えできること、そして、お伝えしたいことが、心にたまってまいりました。

私たちの教室では、多くの子どもたちが、素晴らしい伸びを見せてくれています。

それは、いつも明るく前向きに子どもたちと向き合い、自分たちも一生懸命に学びながら、教育に真摯に取り組む先生たちの熱い思いがあってこそ実現できているのです。

最後になりましたが、私の考えに共鳴し、一緒に教室を支えてくれている先生たちに心からの感謝を送ります。

これからも、子どもたちの成長という素晴らしいドラマを、一緒に作り出していきましょう。

大野和子

大野和子

1942年生まれ、愛知県出身。親戚一同が教育関係に携わる「教育者一家」に生まれる。愛知学芸大学（現・愛知教育大学）卒業後、私立光が丘女子高校（岡崎市）に勤務。結婚を期に愛媛県松山市に居住し、1948年に愛媛大学教育学部専攻科終了。小学校・中学校・高等学校の教員免許を取得する。

1976年、松山市内に学習教室を開設。現在で創設から43年。市内に二ヶ所の教室を持つ。子どもの心を大切にすることをモットーに、一人ひとりにしっかり対応する独自の教育的アプローチと、親との関わりやアドバイスも心がけ、「より良い子育ての在り方」を広く説くのが教室の特徴。

特に子どもとの関わり方として、「一人ひとりの能力に合わせた最も良い伸ばし方を考え、指導をすること」を信念として、能力の発達段階に適切な指導を行うことを心掛けている。

勉強のできる子、できない子、障害を持った子など、年齢や経歴、環境、学歴を問わず広く子どもたちを受け入れて指導を行い、さらに直近の20年間は学習内容を発展させ、毎年平均約350名の生徒に独自の教育アプローチを行っている。また親との関わり方では、「我が子が勉強しない」「我が子をほめられず、まずいところばかりを指摘してしまう」「子どものがんばりが足りない」と考える親へ、正しく子どもを伸ばすためのアドバイスも行っている。

さらに教室の指導者の育成にも重きを置き、教室全体の指導レベルの高さを保持してきた。高いレベルの教育を施せるスタッフを多数育成。スタッフ教育に力を入れることで教室全体の教育レベルの均一化を図るとともに、教育者そのものの質をアップさせ、今後の後続の育成も視野に入れた教室運営を行っている。

著者の教室からは、東京大学ほか、早稲田大学・慶応大学・東京外国語大学・名古屋大学・岡山大学・愛媛大学・九州大学などへ進学した優秀な生徒を多数出している。また著者自身は、現在も声楽家としてコンサート・水墨画家として個展を開催し、長年その活動を続けている。

先生、子どもを
どう育てたらいいでしょう？

2018年6月30日　初版第1刷

著者　大野和子
発行人　松﨑義行
発行　みらいパブリッシング
東京都杉並区高円寺南4-26-5 YSビル3F 〒166-0003
TEL03-5913-8611　FAX03-5913-8011
http://miraipub.jp　E-mail : info@miraipub.jp
発売　星雲社
東京都文京区水道1-3-30 〒112-0005
TEL03-3868-3275　FAX03-3868-6588
表紙絵　しらかたみお
企画協力　Jディスカヴァー
編集協力　廣田祥吾　鈴木洋子
装幀　堀川さゆり
印刷・製本　株式会社上野印刷所
落丁・乱丁本は弊社宛にお送りください。送料弊社負担でお取り替えいたします。

ISBN978-4-434-24831-3 C0037